Hola, ¿qué tal?

Antonio Martínez Menchén

La niña que no quería hablar

Ilustraciones: Francisco Solé

1ª edição
3ª impressão

Copyright © Editora Ática, 2003
© Do texto: Antonio Martínez Menchén, 1997
© Das ilustrações: Francisco Solé, 1997

Diretor editorial adjunto
Fernando Paixão

Editora adjunta
Maria Dolores Prades

Editora assistente
Marcia Camargo

Coordenação da coleção
María Teodora Rodriguez Monzú Freire

Apoio pedagógico
Sueli Aparecida Romaniw
Maria Asunta Carvalho Tonioli

Revisão
Ivany Picasso Batista (coord.)

Editora de arte
Suzana Laub

Editor de arte assistente
Antonio Paulos

Projeto gráfico
Roberto Yanez

Editoração eletrônica
Wander Camargo da Silva

EDITORA AFILIADA

ISBN 978 85 080 9108 9 - AL

ISBN 978 85 080 9109 6 - PR

2009

Todos os direitos reservados pela Editora Ática, 2003
Av. Otaviano Alves de Lima, 4400 - São Paulo, SP - CEP 02909-900
Tel. (11) 3990-2100 – Fax (11) 3990-1784
Internet: www.atica.com.br - www.aticaeducacional.com.br

Impressão e acabamento:
Gráfica VIDA & CONSCIÊNCIA

Querido lector

Este libro trata de una niña
que no quería hablar. Pero,
a veces, a las personas que
no hablan o que hablan poco
les gusta escribir. Y esto
es lo que le debía pasar a esta
niña. Por eso el libro es como
una carta larga, muy larga.
  ¿Y de qué trata esta larga
carta? Yo no quiero contarlo
porque entonces os reventaría
el libro y, además, ella lo
cuenta mucho mejor de lo que
pudiera contarlo yo. Sólo os
diré que en ella narra las
muchas cosas que le ocurrieron
en unos cuantos meses a partir
del momento en que le dio por
no hablar. Y así escribe de
sus problemas, de sus fantasías
(¿o no eran fantasías?) y, sobre
todo, de la impresión que le
produjo a ella, una niña que
había vivido siempre en una gran
ciudad, la vida en el campo,

en las afueras de un pueblecito
perdido en un valle.

  Esa vida en el pueblo
de sus abuelos, tan sencilla,
tan distinta de la que estaba
acostumbrada a vivir, acaba
por gustarle muchísimo. Y esa
vida también me gusta a mí
porque es muy parecida a
la que yo viví en mi propia
infancia y que ahora, con la
marcha de la gente del campo
a la ciudad, con el crecimiento
de las ciudades, con la invasión
imparable de la tele, que llega
hasta los lugares más perdidos,
está ya a punto de desaparecer,
lo que, creo, es una pena.

  Y con esto termino mi carta
dejándote ya con este libro que
es como una larga carta que te
dirige esa niña que no quería hablar.

1

MAMÁ está muy enfadada conmigo... ¡Como si eso me importase!

—Bueno —me ha dicho—. Tú sigue empeñada en no querer hablar y verás lo que te pasa. Interna te voy a meter. Verás la gracia que te hace quedarte en el colegio mientras los demás niños se van a su casa.

Mamá es tonta. Cree que voy a asustarme. Como si me importase el no volver a esta casa, que no es mi casa, el no verla a ella, que tampoco es mi madre.

Y es que no entiende nada. Cree que si no hablo es por aquello que me dijo de si me gustaría tener un nuevo papá. El otro día va y me dice que no me preocupase, que ese hombre con quien sale ahora no sería mi papá, que podría llamarle tío o Juan, y que yo todos los domingos continuaría saliendo con mi padre. ¡Como si fuera por esas cosas por las que no hablo!

Y no es por eso. No. No hablo porque no hablo. Porque no quiero hablar. Porque no quiero hablar con ellos nunca más. Porque yo quiero hablar sólo con mis padres y ellos no son mis padres.

Mamá no es mi madre ni papá es mi padre. Papá hace tiempo que se fue de casa. Se fue con Adela. Yo veo a Adela algunos domingos, cuando papá viene a por mí. Me lleva al cine y a merendar. Casi siempre vamos solos, pero algunas veces nos acompaña Adela. Esto antes le preocupaba mucho a mamá, porque cuando volvía de estar con papá siempre me preguntaba si habíamos estado solos o si había estado Adela con nosotros. Pero desde hace algún tiempo ya no le preocupa. Lo único que ahora le preocupa es que no hablo.

También le preocupa a papá. Fue él quien quiso que me llevaran al médico.

Hace días, después de haber pasado la tarde con él, papá, en lugar de irse en cuanto mamá abrió la puerta y yo entré en el piso, dijo a mamá que quería hablarle y entró también. Yo pasé a mi cuarto, pero desde allí los oí gritar como gritaban aquellos últimos días en los que papá estuvo en casa, antes de irse con Adela. Después papá se fue. Pero al día siguiente él y mamá me llevaron al médico.

Era un poco raro verlos andar juntos a los dos, teniéndome en medio cogida de la mano, tal como andábamos antes de que papá se fuera. Llegamos al médico y entonces mamá

le dijo que desde hacía un tiempo yo me negaba a decir una sola palabra. El médico era un señor mayor, con un poco de pelo blanco a un lado y otro de la cabeza y en medio sin nada de pelo. Me miraba muy fijo. Después de hablar mamá, me hizo salir a la sala de espera con los otros niños y se quedó con mis padres. Al cabo me mandó entrar y fueron ellos quienes salieron. Me hizo muchas preguntas muy tontas que yo no contesté. Se ve que se cansó de mi silencio, porque otra vez ordenó que saliese y entraran de nuevo ellos. Después nos fuimos.

Yo sigo callada, mientras mamá, cada vez más nerviosa, me amenaza a veces con llevarme interna a un colegio. Es tan tonta que no se da cuenta de que eso me da igual. Que me da igual no verla más, ni a papá tampoco. Que me da igual, porque ellos no son mis padres.

2

ELLOS no son mis padres. Yo soy una princesa, la hija de un rey. Mi madre es tan hermosa como un **hada***, y nuestra casa es un palacio de oro y cristal, rodeado de jardines maravillosos.

Ahora me paso las horas muertas recordando a mi padre y a mi madre. Recordando mi palacio de cristal y mi gatito blanco, de pelo largo tan suave como la seda, y mi caballito castaño con una mancha blanca en la **frente**.

Yo paso tiempo y tiempo pensando en todas esas cosas, pensando en lo feliz que era cuando vivía en aquel palacio tan bonito, con el rey, mi padre, y mi madre, la reina, hermosa como un hada. Pensando en lo feliz

---
* Ver glosario, p. 117.

que era hasta que una noche una mala bruja me **hechizó** y, cuando desperté, me encontré con que no estaba en mi cama de oro, con que mi cuarto no era mi cuarto, sino este otro tan feo donde ahora estoy, y con que, en lugar del rey y la reina, quienes estaban allí eran los que se dicen mi papá y mi mamá, **aunque** bien sé yo quiénes son mis verdaderos padres.

Yo me consuelo hablando con Pipo, mi perro blanco, que pudo venirse conmigo y está junto a mí a todas horas y en todas partes. Está junto a mí en mi cuarto, en el colegio, en la calle mientras espero el autobús. Aunque los demás no lo vean, yo sé que está a mi lado y puede hablar conmigo, y esto me consuela.

Yo únicamente hablo con Pipo. En casa no digo una palabra, ni tampoco hablo en el colegio, pero con Pipo siempre estoy charlando.

Aunque cuando más me gusta hablar con Pipo es cuando estoy a solas con él, en mi cuarto. Entonces, como nadie me oye, puedo hablar en voz alta y, como ahora nunca hablo, me gusta escuchar mi propia voz y comprobar que no se me ha olvidado hablar.

—¿Qué estará haciendo ahora mamá, Pipo? —le pregunto.

—¿Qué hora es?

—Las once.

—¿Las once? Eres tonta —dice Pipo—. A estas horas ya sabes que tu madre acaba de salir de su peinador. Le han estado cepillando sus largos cabellos de oro con un cepillo de plata y después la han **rociado** con agua de rosas. Ahora ya la están vistiendo. Hoy vestirá su traje de **raso** azul bordado en perlas y después se pondrá su gran manto, porque hay audiencia real, y tus padres se sentarán en sus tronos de oro a escuchar las peticiones de todos aquellos a quienes concedieron audiencia.

Así es como hablamos Pipo y yo. Me alegro de que, cuando me robaron del palacio de mis padres, Pipo pudiera también venir conmigo. Me alegra porque así puedo hablar con él y recordar a papá y a mamá, que se querían tanto y tanto me querían a mí. Me alegro porque sé que Pipo me ayudará a escapar, me ayudará a volver con los míos. Me alegra porque así tengo alguien con quien hablar y no me siento tan sola.

3

PRONTO me dormí con el chucuchú del tren. Así que ni sé por dónde hemos ido, ni si hemos viajado mucho o poco. Me dormí a poco de entrar en el vagón y apenas me había dormido cuando mamá me despertó diciendo que ya habíamos llegado.

Bajamos del tren. Era una estación chiquitita, no como aquella tan grande de Madrid. Estaba esperándonos un hombre mayor que cogió nuestras maletas. Se puso a caminar y le seguimos. Cuando salió de la estación se encaminó hacia un carro del que **tiraba** un caballo rojo, con unas patas muy gordas llenas de pelos. Puso la maleta en un banco muy estrecho que estaba sujeto a un extremo del carro. Ayudó a subir a mamá y después se subió él en la parte delantera, dijo «¡Arre!», y el caballo empezó a tirar del carrito con un paso **cansino** y pesado.

Cuando mamá me dijo que iba a llevarme al pueblo con los abuelos, a mí me dio igual. Ellos tampoco son mis abuelos y, si el médico y ella piensan que así voy a volver a hablar, están apañados. Lo único bueno es que Pipo viene también conmigo y que, **aun** cuando todavía no han dado las vacaciones, voy a dejar de ir a la escuela. Pero por lo demás me da igual estar con ellos que con mamá. **Además**, pienso que en un pueblo tan pequeño es más fácil que me encuentren el rey, mi padre, y la reina, mi madre, que no en Madrid.

Pero la verdad es que esto de ir en un carro tirado por un caballo en vez de en un coche sí que me gusta. Aunque, claro, este carro no tiene comparación con la carroza de oro de mi padre, de la que tiraban ocho caballos blancos, ni este caballote tan gordo se puede comparar con mi pequeño caballito castaño con su mancha blanca en la frente, tan alegre y ligero. Pero mejor que el coche de mamá, sí que lo es.

Sí que lo es, porque aquí no vas encerrada, sino al descubierto, sintiendo cómo te da en la cara el aire, que es algo fresco, aunque no tengo frío porque también te da el sol. Además, como el caballo va muy despacio, puedes verlo todo divinamente, y no con esa prisa de los coches, que no te dejan fijarte en nada.

Hemos pasado por un puentecito sobre un río. A un lado y a otro del río hay muchos árboles y **zarzas**. Aquí es todo muy verde, aunque también se ven trozos de tierra de un verde menos brillante, donde hay muchas matas cubiertas de unas bonitas flores blancas. En la parte más verde hay muchas vacas blancas y negras, comiendo hierba y lanzando de vez en cuando un ronco mu-mu. En la parte donde la hierba no es tan verde y están las flores blancas, he visto un rebaño de ovejas. A uno y otro lado se ven de vez en cuando casas, casas que no son como las de Madrid, porque están muy separadas unas de otras y además son muy bajitas.

Y ahora el carro ha dejado el camino que traíamos para tomar otro tan estrecho que sólo

cabe él, y si viniese otro de frente no sé cómo nos íbamos a arreglar. Allí, al final del camino, se ve una de esas casitas bajas. Y es entonces cuando mamá, que ha venido callada durante todo el tiempo, me dice:

—Mira, Vanesa, estamos llegando a casa de los abuelos.

4

Sí, ya estoy en casa de los abuelos.

Es una casa rara, una casa muy distinta de todas las casas que he visto en Madrid. Yo ya había estado en ella antes algunas veces, pero, como era muy pequeña y no me fijaba en las cosas, no me había dado cuenta de lo rara que es. Tampoco me acordaba casi de los abuelos.

Los abuelos son también distintos. La abuela viste una falda oscura que le llega casi hasta los pies, y una blusa blanca que cubre con una **rebeca** o una toquilla de punto también oscuras. El abuelo lleva siempre unos pantalones de **pana** y un jersey. A veces se pone sobre el jersey una chaqueta vieja. Y lo que me hace más gracia de él es esa gorrilla redonda y negra que cubre su cabeza blanca y que sólo se quita para dormir.

Lo que más me gusta de ellos es que me dejan en paz. Cuando llegué, el abuelo me cogió en brazos y me dio un beso diciendo: «¿Ya has venido? Verás lo bien que vas a estar aquí». Yo ni le besé ni le contesté. Me mantuve como si no le viera. Pero él no se enfadó. Y la abuela lo mismo. Fue mamá la única que protestó e insistió en que dijera algo, pero a ellos parece que les da lo mismo. Así que ahora, como mamá ya se ha ido, me puedo pasar las horas muertas hablando con Pipo de nuestras cosas sin que nadie nos moleste.

Tampoco me dan la lata con que si como o dejo de comer. Cuando no quiero comer, ellos no dicen nada. Retiran mi plato y en paz. Lo que ocurre es que aquí, no sé por qué, cada vez que me siento a la mesa tengo muchísima hambre y, como además las comidas que hace la abuela son muy ricas, llevo unos días en que no me dejo ni una **pizca** en el plato.

He dicho que la casa del abuelo es, como todas las de aquí, de un solo piso. Pero, eso sí, grandísima. Todas las habitaciones son enormes. Por ejemplo, mi dormitorio. No os podéis imaginar la enormidad de mi dormitorio ni la enormidad de la cama en que duermo. Algo así como la cama de las hijas del ogro de Pulgarcito, en la que podían dormir tan ricamente las siete. A mí me da gusto dar vueltas y vueltas en la cama sin que se acabe nunca. Antes de acostarme, la abuela calienta las sábanas con un calentador, que es un **chisme** de dos placas de metal, entre las cuales se ponen unas brasas, y con una empuñadura muy larga de madera, pues aunque ya casi es verano aquí hay humedad y hace frío. Además dice la abuela que se debe dormir con la ventana abierta, por lo que tengo que taparme muy bien.

Me gusta dormir con la ventana abierta. Entra un aire fresquito muy bueno y un olor a hierba mojada y a flores que es una divinidad. Además, desde mi cama puedo ver el cielo **cuajadito** de estrellas. Y luego está ese silencio tan distinto del ruido de coches que hay en Madrid; ese silencio que al mismo tiempo está lleno de sonidos, pero de sonidos leves, agradables. Sí, me gusta dor-

mir en esta cama grande con las ventanas abiertas.

Muchas veces me tapo la cabeza y todo, elevo la ropa con las rodillas y cierro los ojos muy fuerte, muy fuerte. Entonces, parece como si me envolviese una nube rosa, y mi cama es un palacio encantado, un palacio de mármol rosa, el palacio de mi padre, el rey. Y así estoy, recordando cosas de cuando vivía con mis padres y hablando con Pipo de aquellos tiempos. De pronto, siento un calor en las mejillas y un alegre **campanilleo**. Y es que ya es de día y me ha despertado poquito a poco el sol que entra por la ventana y el continuo piar de los pájaros de la huerta.

5

LA huerta es grandísima. Hay en ella un montón de flores y de árboles. El abuelo y la abuela, cuando estoy junto a ellos, me dicen el nombre de los árboles y, aunque yo hago como si no los oyera, ellos no se enfadan y siguen insistiendo.

—Mira —dicen—, ésos son perales; y aquéllos, manzanos; y aquéllos, **guindos**.

Y así, como quien no quiere la cosa, yo ya sé distinguirlos, que antes no tenía ni idea y casi ni sabía que la fruta, antes que en la nevera, está en los árboles.

También hay hortalizas, y el abuelo se pasa el día cavando y regando los recuadros de las verduras. Pero donde más tiempo pasa el abuelo es con las vacas. Porque además de la casa y la huerta tenemos una cuadra donde hay dos caballos: el grande que arrastraba el carro que nos esperaba en la estación y uno blanco, más pequeño y bonito, que monta el abuelo.

Pero el edificio más grande es la vaquería. Allí tiene el abuelo un montón de vacas, lo menos quince, aunque yo no las he contado porque nunca he entrado en ella, pues **en cuanto** me acerco siento un olor caliente y raro, como a leche y estiércol al tiempo, que me da asco y por eso no quiero entrar.

En la vaquería trabajan dos hombres. Uno se llama Juan. Juan es quien fue a buscarnos a la estación, **cojea** al andar y es quien saca la leche a las vacas. El otro es más joven y tiene el pelo como una zanahoria y la cara llena de **pecas**. No sé por qué todos le llaman Meco, y es el que por la mañana lleva las vacas al prado y luego las vuelve a traer por la noche.

Todos los días muy tempranito llega a la vaquería una furgoneta. A veces estoy todavía dormida y, mira por dónde, me despierta su pitido. Deja en la vaquería un montón de cántaras de metal vacías y se lleva otro montón lleno de leche. El abuelo dice que esa y otras furgonetas van recogiendo la leche de todos los caseríos y luego la llevan a un gran camión cisterna que pasa por el pueblo, y que este camión irá a la central lechera para que después en las ciudades tengan sus botellitas de leche, que, con tanto ir y venir, es mucho peor que la que tomamos aquí directamente de las vacas.

Y la verdad que a esta leche le encuentro un gusto raro que no acaba de convencerme del todo. En cambio, lo que me **chifla** es la mantequilla que hace la abuela y que no es como esa de Madrid que viene en paquete, sino que la abuela la mete en unas latas muy grandes y, además, es muy amarilla y salada y está riquísima.

En un sitio tan grande como el caserío del abuelo, yo voy de un lado a otro todo el rato sin que nadie se meta conmigo. A la vaquería no he entrado nunca, por eso del olor y porque las vacas, aunque el abuelo dice que son muy mansas, me dan miedo. En la cuadra, aunque también huele muy mal, sí que he entrado y el otro día el abuelo dijo que si quería montar en su caballo, que se llama

Rocío, y aunque yo no le contesté dije que sí con la cabeza. Entonces el abuelo me tomó en brazos y me montó a caballo delante de él y, sujetándome bien fuerte, salimos del caserío y, cuando llegamos a los prados, el caballo se puso a correr, a correr, y yo, aunque me asusté un poco, lo pasé muy bien y me divertí mucho.

También a veces voy al corral para ver cómo la abuela **echa de comer** a las gallinas. Y aunque al principio el gallo levantaba las plumas del cuello y quería picarme las piernas, después que la abuela le espantó un par de veces con el palo, ya me deja en paz. Y el otro día me dio la abuela el bote donde lleva el grano para que yo se lo echase. Y en cuanto dije «pitas, pitas», todas vinieron corriendo hacia mí, el gallo el primero.

Así que aquí no lo paso mal. Pero lo mejor es que nadie se mete conmigo, y tengo todo el tiempo que quiero para hablar con Pipo y para que me cuente cómo van las cosas por el palacio y para hacer con él planes para escaparnos y volver otra vez allí, con mi padre y mi madre, y ser otra vez una princesa real.

6

HA ocurrido una cosa estupenda.

Estaba la otra noche en la cocina dispuesta a cenar —porque aquí comemos en la cocina, que es grandísima y con una chimenea enorme—, cuando entró el abuelo con una caja de zapatos en la mano y dijo:

—No sé qué hacer con esto que me han dado. Lo traigo sólo por si quiere quedárselo Vanesa.

Dejó la caja en la mesa, a mi lado. Yo hice como que no me interesaba y ni la miré siquiera. Pero entonces sentí que de la caja salían unos ruidos, como si alguien se quejase muy bajito. Entonces levanté la tapa y me encontré que dentro había como un **ovillito** de lana blanca que **temblaba** de frío y **gimoteaba**, gimoteaba. Era un perrito, un cachorrito chiquitín, chiquitín.

Cogí aquella cosita tan suave y calentita que, sin embargo, temblaba de frío. Daba gusto tocarla y yo me la acerqué al pecho a ver si entraba en calor. Seguía llorando, pero ahora más despacito y parecía que se encontraba a gusto junto a mi pecho. Entonces el abuelo dijo:

—Si quieres, te lo puedes quedar. Pero, claro, si te lo quedas es para que lo cuides, porque a los **cachorros** hay que cuidarlos bien, pues si no se mueren. Hay que darles de comer y tenerlos muy abrigados, limpiarles la caca y tenerles la cama bien limpia y, cuando son un poco mayores, lavarlos y cepillarlos para que no tengan pulgas ni garrapatas. Y todo eso exige mucho cuidado y responsabilidad. Así que, Vanesa, tú verás si quieres hacerte cargo del perrito.

Y entonces ocurrió una cosa muy rara. Y es que yo dije sí. No es que dijese sí con la cabeza, sino que lo dije con toda la boca. Y era la primera vez que respondía a alguien desde hacía un montón de tiempo, la primera vez que hablaba con otro. No sé cómo fue, pues podía haberlo dicho con la cabeza,

pero es que tenía tantas ganas de quedarme con aquel perrito, tenía tanta alegría de tenerlo allí junto a mi pecho que se me olvidó que no debía hablar con nadie y dije sí.

Y lo mejor es que ni el abuelo ni la abuela dijeron nada. No empezaron a hacer historias sobre si había hablado o había dejado de hablar. Lo único que me pareció notar es que cruzaron una mirada y que la abuela sonreía, pero tampoco estoy muy segura de eso.

Después el abuelo salió y volvió enseguida con un **biberón** pequeño lleno de leche. Cogió al perrito y empezó a darle el biberón. Al principio el perrito no acertaba a morder la tetilla, pero al fin dio con ella y daba gusto ver cómo chupaba el tragón de él. Entonces el abuelo me dejó el perrito para que fuese yo quien le siguiera dando el biberón.

—Tienes que darle biberón cuatro veces al día. Cada vez que tú vayas a comer, después le das el biberón al cachorro. Al principio le pasará lo que ahora, que tarda en engancharlo, pero verás cómo enseguida aprende. Es muy listo, ya verás.

Y claro que era listo. Allí estaba, en mi brazo, chupando y chupando, tomando de mi mano su primer biberón.

7

EL perrito ya tiene nombre. Le he puesto Pipo, como a mi perro, porque también es blanco como él.

Claro que no hay comparación. Porque mi Pipo es el perro de una princesa, y el perro de una princesa no puede compararse con un cachorrito de pueblo. Pero la verdad es que este chiquitín es la mar de rico.

Yo sigo hablando mucho con Pipo, el verdadero, sobre las cosas de allá, del palacio de mis padres. Pipo no se ha enfadado porque tenga este perrito y le haya puesto su nombre. Sigue tan cariñoso conmigo, respondiéndome a todo lo que le pregunto y haciendo planes para que pronto podamos volver a nuestra casa real.

Pero el hecho es que yo ahora hablo menos con Pipo por el tiempo que tengo que dedicar al cachorrito. Ahora ya se mueve un poquito, pero sigue llora que te llora, siempre temblando de frío y ensuciando todo, el muy **cochino**, que luego soy yo quien lo tengo que limpiar. Pero eso sí, su cajita está siempre limpia, porque cada vez que se ensucia le cambio el **heno**.

Fue el abuelo quien le puso heno seco en la caja de zapatos y me dijo que cuando lo ensuciara lo cambiase y le pusiera un puñado de heno limpio y me llevó donde estaban los **almiares** y me enseñó cómo tenía que co-

gerlo. Así que, a pesar de lo cochino que es, siempre tiene tan limpita su caja.

Ya toma muy bien los biberones, y a mí me divierte verle tan tragón. Como pasa tanto frío, la abuela le tapó con un trozo de **bayeta**. Pero al día siguiente me dijo que si no quería hacerle una mantita de lana. Por eso me ha enseñado a hacer punto, y yo ahora paso todas las tardes un rato junto a la abuela haciendo la mantita de Pipo.

Claro que con todas estas historias del perrito pasa una cosa. Y es que, aunque yo no quiero hablar, pues ahora de vez en cuando tengo que dirigirles la palabra al abuelo y a la abuela. Porque necesito preguntar las cosas en relación con el perrito, cosas que tengo que hacer y no sé cómo hacerlas. Entonces, quieras que no necesito hablar, pues por señas a veces resulta complicado y además muchas veces me olvido de que no debo hablar. Así que ya no es sólo aquel sí que dije cuando me trajeron el perro, sino que ahora, aunque no mucho, pues algo voy hablando.

Claro que a los abuelos esto no parece preocuparlos mucho. Si en vez de hablar pido algo por señas, pues ellos no dicen: «Niña, por qué no hablas», ni algo así; me atienden en lo que pido, y a otra cosa. Y si lo pido hablando, pues me atienden también sin ningún comentario. Y ellos a mí me hablan como si yo fuera a mantener una conversación seguida, sin importarles que no les responda nada. Así que con ellos me entiendo muy bien.

Pero además del perro ahora tengo otro entretenimiento. Y es que todas las tardes sube a verme Tinín, que es sobrino del pelirrojo que saca las vacas, y aunque él vive en el pueblo con su madre, como ahora ya no va a la escuela por la tarde, sube a darse una vuelta por el caserío, a andar por el campo, que es lo más le gusta, y de paso a estar un rato conmigo.

8

Tinín vive en el pueblo, pero todas las tardes ya lo tengo aquí. Claro que, después de todo, andando tranquilo no se **echa más de** media hora en llegar al pueblo, y al paso que viene Tinín, que hace casi todo el camino corriendo, no tarda lo que se dice nada.

Tinín vive con su madre, que tiene una casita con una huerta. También tiene dos vacas, pues lo raro de este pueblo es que sus casas no son como las de Madrid, sino que, en pequeño, se parecen más a las del abuelo y tienen huerto y establo. Ayuda a su madre a cultivar el huerto y, antes de ir a la escuela, lleva las vacas al prado donde están todas las del pueblo y luego, cuando anochece, va a recogerlas para llevarlas a su casa. También sabe ordeñar las vacas, porque ellos no tienen ordeñadora mecánica, como el abuelo, y él y su madre las ordeñan a mano. Me ha dicho que un día tengo que ir a su casa para que me enseñe a ordeñar, pero yo no estoy muy decidida porque las vacas me dan un poco de miedo y, además, no me gusta su olor.

No tiene padre. Murió cuando era muy pequeño, y dice que no se acuerda nada de él. No le importa no tener padre, pues con su madre está muy bien. Además, su tío Meco, el pelirrojo que trabaja con el abuelo, vive al lado de ellos y, aunque joven, es como si fuera su padre. Por eso, Tinín está siempre alegre, a pesar de no tener papá.

Tiene mis años, pero es algo más bajo que yo. Al principio no le hice mucho caso y por supuesto, aunque él me hablaba, yo no le respondía. Pero no se enfadó por ello, sino que, después de hablarme un par de veces sin que yo le diera respuesta, me dijo:

—Es verdad, tú eres la chica que no quiere hablar. Bueno. Cada uno debe hacer lo que le gusta, y si a ti lo que te gusta es no hablar, pues no hables. Además, en boca cerrada no entran moscas y, como a mí sí me gusta hablar, hablaré por los dos.

Después pasó a la cuadra y salió con una cuerda grande y una tabla y, en un **periquete**, hizo un **columpio** que **colgó** de las ramas de un **nogal**. Me ayudó a subir a él, y estuvimos lo menos una hora columpiándonos. Así es como nos hicimos amigos.

Ahora me paso casi todas las tardes jugando con Tinín. **Echamos carreras**, vamos al prado y nos deslizamos de culo prado abajo por una pendiente donde la hierba seca es muy resbalosa. También quiere que vayamos al río a bañarnos y a pescar, pero el abuelo ha dicho que no bajemos al río todavía, porque está muy fría el agua, y Tinín nunca desobedece al abuelo.

Me ha llevado a la **charca** de las ranas a coger **renacuajos** y dice que un día iremos a pescar ranas, pero antes debemos coger **saltamontes**, que es con lo que se pescan las ranas. También fuimos un día a cazar grillos. Cogimos uno y me lo regaló junto con una jaula de grillos que tenía, y ahora lo tengo en mi cuarto y le oigo cantar toda la

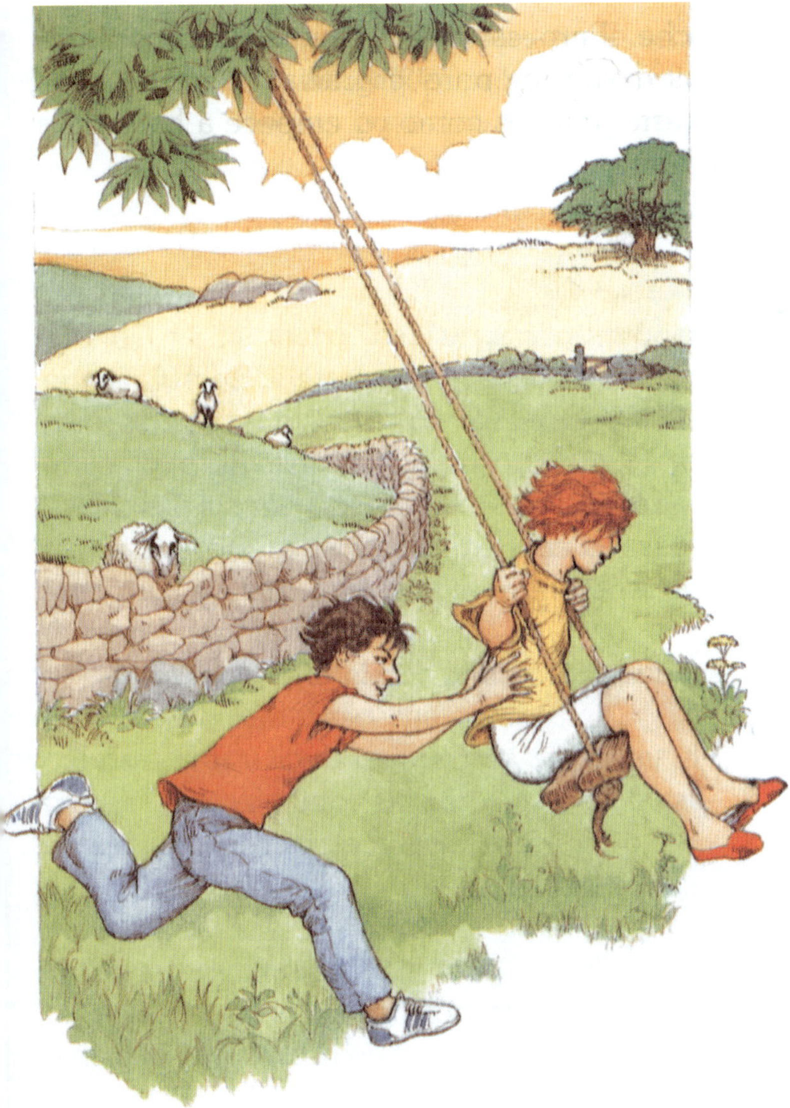

noche. Pero esto es algo que debo contar más despacio, porque gracias a la historia de este grillo es como yo empecé a hablarle a Tinín.

9

COMO ya he dicho, habíamos ido a coger grillos. Era ya al atardecer, y todo el campo resonaba de tal manera con el **chirrido** de los grillos que aquello parecía una grillera. Pero Tinín, que iba muy atento, se detuvo de pronto, se agachó, separó unas hierbas y, señalando un agujero que estaba en la tierra tapado por las hierbas, dijo:

—Mira, aquí está el que andamos buscando. Estáte quieta y escucha.

Los dos estuvimos quietecitos, sin hacer el menor ruido. Al poco pudimos escuchar, saliendo del **agujero**, un fuerte cri-cri.

—¿Qué te he dicho? Aquí está nuestro amigo. Ahora verás.

Cortó una paja seca, la metió en el agujero y comenzó a **hurgar** con ella. Pero por más que hurgaba, el grillo no salía.

—Éste está muy hondo y no sale con las **cosquillas** —dijo Tinín—. Habrá que mojarle un poco. Anda, niña, **mea** en su agujero.

Me quedé mirándole pasmada. Aquel chico o estaba loco o era tonto de capirote. ¡Pues no pretendía el muy **patán** que yo me pusiese a mear delante de él en el agujero del grillo!

Como yo seguía sin hablar ni hacer nada, Tinín insistió.

—Vamos, Vanesa, mea en el agujero. Verás cómo en cuanto sienta que se le inunda la casa sale a toda prisa.

Por toda contestación, me volví de espaldas para mostrarle mi desprecio. Tinín debió darse cuenta de lo que yo pensaba, porque dijo:

—¡Anda ésta! ¿Pues no le da vergüenza a la señoritinga ponerse a mear delante de mí? ¡Valiente tonta! Pues debo decirte que yo he visto mear a todas las chicas de la escuela. He visto mear a la Pelujis y a la Adela y a la Chata y a la Pecosa y a la Anita y a la Serrana. Y la Adela, la Anita y la Serrana son más guapas que tú. Bueno, más guapas no, pero lo mismo de guapas que tú.

Me dio tanta rabia aquello que, olvidando mi intención de no hablarle, le solté:

—No me compares a mí con ésas. Porque ésas son unas **palurdas** como tú, mientras que yo soy una princesa que vivía en un palacio de oro y cristal con mi padre, el rey, y mi madre, la reina, y tenía una criada negra que me vestía y arreglaba, y un caballito blanco con el que me paseaba por los jardines del palacio, y todos los que pasaban a mi lado me hacían una reverencia, porque por algo yo era la hija del rey.

—Yo sé —dijo Tinín— que tu abuelo es uno de los más ricos de aquí, pero hasta ahora no sabía que fuese el padre de la reina.

—Ríete, ríete, so tonto. Pues para que lo sepas, ése no es mi abuelo, ni su hija es mi madre. Porque ya te he dicho que mi padre y mi madre son reyes, pero una bruja me llevó a casa de esos que se dicen mis padres, aunque pronto volveré con mis padres de verdad. Así que ya lo sabes. Yo soy una princesa, y una princesa no se va a poner a mear delante de ti. Mea tú si quieres.

Ahora era Tinín quien me miraba pasmado. Yo esperaba que me dijera que era una **embustera** o algo así. Pero no, no dijo eso. Lo que dijo fue:

—Yo no puedo mear. No puedo mear, porque, si me pongo a mear, entonces meo y meo y meo, y mi meada forma como un río que va bajando por la ladera hasta el pueblo y allí tapa las casas y luego sigue subiendo, subiendo, hasta cubrir el caserío de tu abuelo y todos los caseríos del valle, ahogando todas las vacas y los caballos y a los hombres. Y para que eso no ocurra yo no meo, y por eso tienes que mear tú.

Cuando le oí aquella mentira tan gorda y tan tonta, me puse a reír y a reír. Entonces él también rió. Y mientras reíamos, pensé que a lo mejor él estaba riéndose de todo lo que yo había dicho. Claro que lo mío no era una mentira, aunque puede que a él le pareciese que sí lo era. De todas formas no era una mentira tan gorda y tan tonta como la suya. Así que seguimos ríe que te ríe hasta que de pronto noté que me empezaba a mear. Y a toda prisa, para no **empaparme** las **bragas**, me las bajé e inclinándome oriné en el agujero. Y apenas había acabado de orinar, cuando salió el dichoso grillo. Entonces Tinín lo cogió y, sacando una jaulita muy pequeña del bolsillo, lo metió en ella y me lo dio. Entonces nos miramos y nos empezamos otra vez a reír.

Y desde ese día, hablo ya continuamente con Tinín.

10

ESTÁ bien eso de hablar con Tinín, porque así puedo cortarle cuando se enrolla y preguntarle cosas que a mí me interesa saber. Porque, la verdad, llevaba razón al principio cuando decía que él hablaría por los dos, y es que empieza y no para. Claro que, por otra parte, a mí me gusta que hable, ya que sabe un montón de cosas de las que yo no tenía ni idea.

Por ejemplo, Tinín sabe el nombre de todos los pájaros y hasta los conoce por el canto. Oigo un trino muy bonito, y va y dice: «Escucha, es un **mirlo**». Entonces nos acercamos a una zarza y vemos un pájaro bastante grande, negro y con el pico rojo, que al vernos da un vuelecito a otra zarza de la que otra vez vuelve a salir ese trino tan bonito. Y ya sé que ese pájaro negro de pico rojo que salta entre las zarzas y tiene un precioso trino es un mirlo.

Otras veces en que oímos un bonito gorjeo va Tinín y me dice: «Ése es un **jilguero**». Y así va nombrándome y enseñándome todos los pájaros e incluso ya empiezo a conocerlos por su canto.

Además, sabe un montón de cosas de los animales. Por ejemplo, cuando me enseñó el cuco, que es ese pájaro que hay en algunos relojes, me dijo que ése era un bicho muy listo y malvado que, cuando veía un nido de otra ave, le tiraba los huevos al suelo y ponía uno suyo en el nido, y la tonta de la otra pájara **empollaba** el huevo del cuco hasta que rompía el huevo, y en cuanto crecía un poco, como era más fuerte, el **polluelo** de cuco tiraba a los otros polluelos del nido.

Un día en que íbamos por el prado, vi un pájaro muy **zancudo**, con un moñete en la cabeza, que corría muy tieso sobre sus largas patas a toda velocidad. Entonces va Tinín y me dice:

—Mira, una **avefría**. Ése es el pájaro más listo que hay. Como pone los huevos en la tierra, para que no descubran el nido, en cuanto ve que se acerca alguien se aleja de los huevos y se pone a cantar lo más lejos del nido, o a correr como ahora, pero en sentido opuesto de donde están los huevos para engañar así a quien los busca. Con esa pinta parece tonta, pero es listísima.

Tinín se sabe muchas historias así. Aunque algunas no sé si son verdad. Como eso de que a veces, cuando hay tormenta, llueven unas ranas chiquititas que se llaman ranitas de San Antón. O esa otra historia que me contó un día de que las culebras se meten en la cama de las mujeres que están dando de mamar a un niño, y entonces se ponen ellas a mamar muy suavito, muy suavito, y hasta lloran como un bebé para engañar mejor a la madre.

Y hablando de ranas, la otra tarde me llevó, como me había prometido, a pescar a la charca de las ranas. Yo ya había estado antes cogiendo renacuajos, pero esto de pescar ranas es mucho más divertido.

La charca de las ranas está al otro lado del río, no donde los prados, sino en la tierra

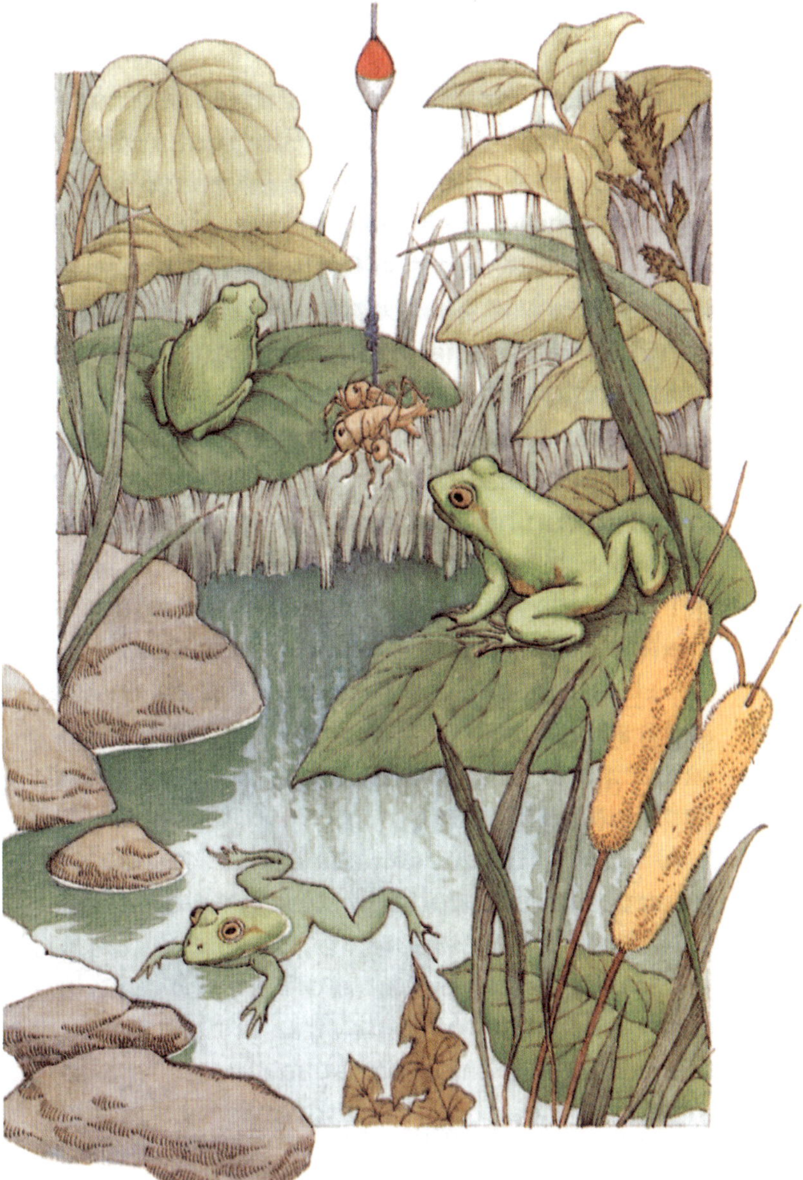

más reseca, donde hay **rastrojos** y monte bajo y pastan las ovejas. Primero tuvimos que coger saltamontes. Esto de coger saltamontes parece fácil pero ya, ya. No cogí ni uno. En cuanto iba a **echarle mano**, daba un salto y otra vez a empezar. Pero Tinín no sé cómo **se las apañaba**, que en un momento había cogido un montón.

Cuando tuvo ya un buen puñado de saltamontes, empezamos a pescar. Tomó tres y los cosió con hilo haciendo una pelotita. Después ató la pelotita de saltamontes al final del sedal de su **caña**. Lanzó al centro de la charca y esperó a que una rana picase.

—Las ranas —me dijo— son unas ansiosas y se tragan la pelota de un bocado. Pero se les queda atravesada. Entonces yo doy un tirón y saco la rana.

Y así fue. Lo que ocurría es que casi todas las veces la rana podía librarse de la bola que se le había atravesado en el **gaznate**. Muchas veces caían al agua o en la **orilla** y volvían a la charca de un salto. Pero otras el tirón de Tinín las sacaba lejos del agua. Y eso era lo más divertido, porque entonces teníamos que correr detrás de la rana, que huía de nosotros dando botes.

Yo tampoco cogí ninguna. Bueno, sí, cogí una, pero al sentirla en mi mano me dio como un **repeluzno** y la solté. Pero Tinín sí que pilló un montón. Cuando tenía la **chistera** medio llena, me dijo:

—Bueno, vámonos, que se hace de noche y nos va a **regañar** tu abuelo. El tío Agapito, el tabernero, me va a dar sus buenos **duros** por éstas.

—¿Y para qué quiere el tío Agapito las ranas?

—Anda tú. Pues para guisarlas y vendérselas a los parroquianos.

—No me digas que hay quien se come algo tan asqueroso.

—¿Asqueroso? La rana es un animal limpísimo, que siempre está en el agua y sólo come mosquitos e insectos. Y el anca de rana, pues sólo se guisan las ancas, por si tú no lo sabes, es un manjar.

Pues no, no lo sabía. Ni se me había ocurrido. Y es que con Tinín siempre se está aprendiendo cosas nuevas.

11

UNOS pocos días después de la pesca de las ranas, Tinín me dijo:

—Con esto de estar siempre contigo, hace ya mucho que no voy a ver a Raquel. ¿Quieres venir conmigo mañana a verla?

A mí, la verdad, me sentó muy mal que me saliese con lo de tener o no tener que visitar a la tal Raquel. Él debió notarlo porque entonces me contó la historia de Raquel.

Raquel vivía en el pueblo y, como a Tinín, se le había muerto el padre cuando era muy pequeña. Iban a la misma escuela —era la única que había en el pueblo— y a la misma clase, porque era de nuestra edad.

Pero nada más comenzar este curso, Raquel se puso muy malita. Tan malita que todos creían que se iba a morir y se la tuvieron que llevar al hospital de la ciudad. Al cabo de dos meses volvió a su casa. Los médicos dijeron que ya estaba fuera de peligro y no se iba a morir, pero que aún tendría que tomar medicinas y guardar cama durante largo tiempo.

Al principio iban los niños de la escuela a ver a su compañera enferma, pero se cansaban muy pronto de estar con ella y enseguida se marchaban a jugar y, pasados unos días, apenas iba alguno a verla, con lo que la pobre Raquel, siempre en la cama, cada vez estaba más aburrida y triste.

Una tarde en que estaban con Raquel Tinín, la Pelujis y la Adela, entró su mamá y les dijo que iba a contarles un cuento. Tinín y las dos niñas no tenían las menores ganas de escuchar cuentos, pero se aguantaron porque les pareció mal decir que no. Pues bien, el cuento que les contó la madre de Raquel era tan bonito que ellos lo estuvieron escuchando como embobados. Luego les contó otro y otro, y cuando se quisieron dar cuenta se les había pasado la tarde casi sin notarlo.

Al día siguiente dijeron en el escuela lo bien que lo habían pasado con los cuentos que contaba la madre de Raquel, y aquella tarde fueron muchos más niños a ver a Raquel por si su madre les contaba alguno de sus cuentos. Y claro que les contó cuentos, y a cual más bonito. Y así ya todas las tardes el cuarto de Raquel se llenaba de niños ansiosos de escuchar los cuentos que contaba su madre.

Y ahora ya no era necesario que la madre se pasara todas las tardes contando cuentos. Contaba sólo uno o dos, y luego los niños jugaban a representar el cuento. Una niña hacía de princesa, otra de reina mala; un niño era el príncipe, otro el dragón o el gigante. También jugaba desde su cama Raquel, que cada día estaba más animada.

A mí me gustó esta historia de Raquel y me dio pena de la niña, así que al día siguiente decidí ir con Tinín a visitarla.

No me arrepentí. Además de conocer a otros amigos y amigas de Tinín que vivían en el pueblo, lo pasé estupendamente con los cuentos que contó la madre de Raquel. Era una mujer de campo, pero muy buena y simpática, y contaba los cuentos tan maravillo-

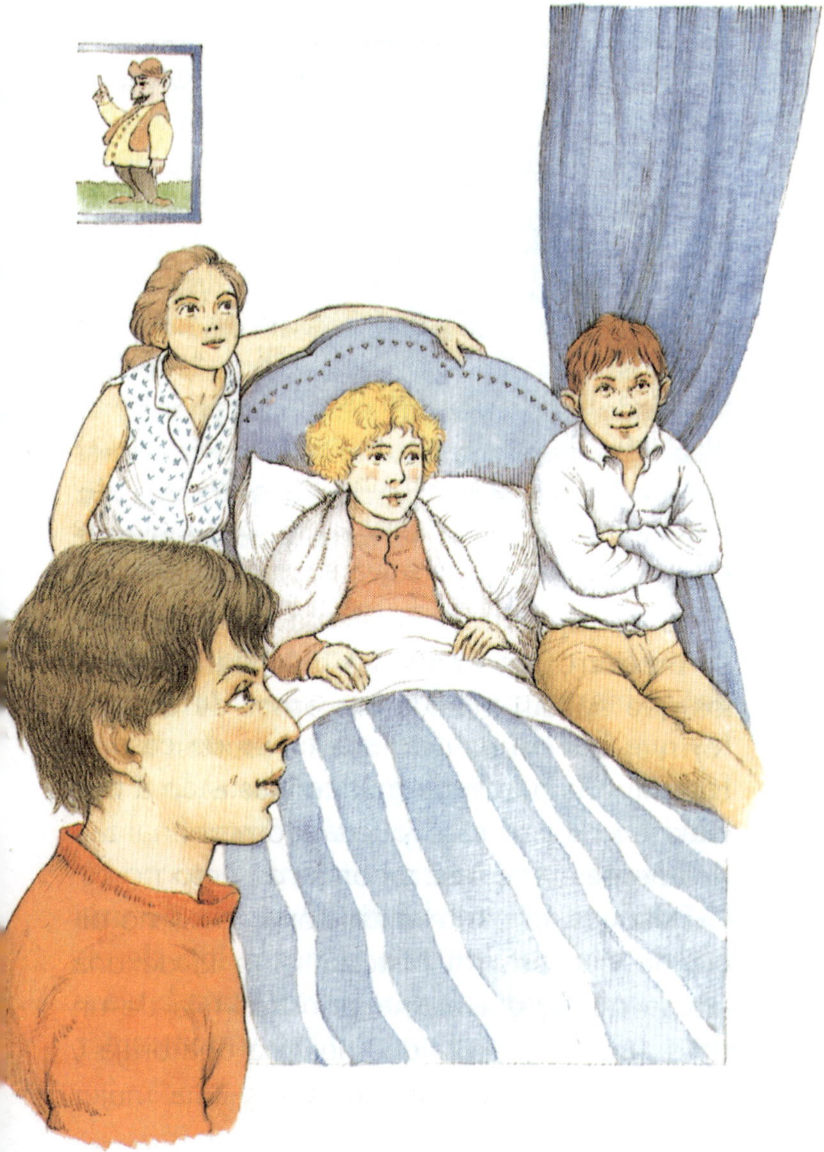

samente que uno parecía estar viviéndolos. Contó el de *La hija del diablo*, que es de un príncipe que por una promesa de su madre debe irse a vivir a la casa del diablo cuando se hace mayor. Allí conoce a la hija del diablo, que se llamaba Blancaflor y era muy guapa y muy buena, y se enamora del príncipe y le ayuda a resolver con su magia unos trabajos imposibles de hacer que le había mandado su padre. Al final se escapan, y el diablo los persigue en una persecución muy emocionante. Pero gracias a la magia de Blancaflor pudieron salvarse y se casaron y fueron felices.

También contó otro cuento muy gracioso de un burro, un perro, un gato y un gallo a los que habían echado sus amos de casa, y forman una banda de música y asustan a una cuadrilla de ladrones, quedándose al final tan ricamente en su casa y con su dinero.

Después yo conté mi historia, pero no diciendo que era mi historia, sino la de una amiga mía que era una princesa hija de un rey y una reina, a la que hechiza una bruja y hace que viva con un hombre y una mujer que se creen su papá y su mamá, pero que en realidad no son sus padres. Les gustó mucho a todos, pero Tinín, mientras yo la contaba, me miraba **de reojo** y se reía con disimulo. Y es que el tonto de Tinín nunca ha creído que mi historia sea verdad, sino que es un invento mío. Bueno, que crea lo que quiera. De sobra sé yo lo que es verdad y lo que es mentira. **Allá él**.

El caso es que lo pasé muy bien en casa de Raquel. He ido a verla varias tardes más. Raquel es un cielo de chica y nos estamos haciendo muy amigas.

12

Esta tarde hemos bajado en el carro toda la familia al pueblo, pues hoy es la noche de San Juan, que, dice el abuelo, es una noche mágica y quiere que vea cómo la celebran y cómo todo el mundo se lo pasa muy bien.

Y la verdad que ha sido de lo más divertido. Los mozos habían bajado de la montaña un pino alto y delgado y, después de quitarle las ramas y la corteza, lo han dejado muy liso y pulido y lo han plantado bien hondo en medio del **ejido**, que es donde se celebra la fiesta.

El poste lo han untado con sebo para que quede muy deslizante y han atado un gallo en el pico. Y el mozo que consiga trepar hasta arriba y coger el gallo se queda con él.

Bueno, daba risa ver cómo los mozos se esforzaban en **gatear** por el poste. Pero como la

parte superior está muy **resbalosa**, cuando ya estaban a punto de llegar empezaban a deslizarse poste abajo hasta el suelo. Hubo un par de ellos que llegaron hasta arriba, pero el gallo se puso a **aletear** y otra vez se fueron poste abajo. Al fin, uno logró echarle mano y arrancarlo del poste de un tirón. Todo el mundo aplaudió y él, cuando bajó, estaba la mar de **ufano** alzando su gallo y agitándolo de un lado a otro como si fuese una bandera.

A lo largo de todo el ejido habían puesto bancos y mesas con bebidas y refrescos y fuentes de queso y embutidos. Pero la gente, de agitada que estaba, apenas se paraba a comer y beber porque todos **se afanaban** en amontonar ramas secas y hojarasca en torno al alto poste, y también en formar dos montones de leña, uno más grande y otro más pequeño, a uno y otro extremo del ejido.

Por fin entró la noche. Era una noche luminosa, con todo el cielo cuajadito de estrellas. Soplaba un airecillo un poco frío, pero nadie le hacía caso, pendientes como estaban de encender las hogueras.

La primera que se encendió fue la que rodeaba el poste. Era un montón de leña muy grande, y pronto las llamas subieron, altas, altas, iluminando toda la noche y llenándonos de un dulce calor.

Al cabo de un rato, el poste comenzó a arder. Subían las llamas trepando por él como antes habían trepado los mozos. Eran como lenguas de fuego que lo iban acariciando y rodeando, encendiéndose y apagándose, pero subiendo cada vez más. A veces **chisporroteaba**, y todo el aire se llenaba de **centellas**, pero nadie se asustaba por ello. Y cuando ya las llamas habían prendido completamente en él, entonces toda la gente, chicos y grandes, hombres y mujeres, cogiéndose de la mano, formaron un gran **corro** a su alrededor y se pusieron a bailar.

Estuvimos bailando un buen rato alrededor de la gran hoguera del poste. Pero después pasamos a encender las dos pilas de leña que estaban en los extremos del ejido. Los chicos nos fuimos a la más pequeña, que encendió Tinín. Al principio se apagaba, pero tras de algunos intentos pronto tuvimos una buena fogata. Entonces, lo mismo que habíamos hecho antes, todos los chicos y chicas nos cogimos de la mano y empezamos a bailar alrededor de la hoguera. Y lo que era mejor, algunos la cruzaban de un salto pasando entre las llamas.

Yo, **desde luego**, no salté porque me daba miedo, pero Tinín fue de los que más saltó.

De vez en cuando abandonábamos la hoguera e íbamos a comer y beber algo y a mirar la fogata de los mayores, que era mucho más grande, y a ver cómo los mozos la saltaban. Y entre tanto el poste seguía ardiendo, ardiendo, iluminando toda la explanada.

—¿Sabes de quién me estoy acordando? —le dije a Tinín.

—¿De quién?

—De Raquel. La pobrecita estará en su cama, sola. Con lo bien que lo hubiera pasado con nosotros...

—Bueno. Su mamá la tendrá junto a la ventana, y desde allí estará viendo el fuego. Además, yo le llevaré un poco de ceniza de la hoguera para que la ponga en su puerta y se cure.

—¿Es que esta ceniza cura?

—Claro. Es la ceniza mágica de la noche de San Juan. Si pones un puñado de ella en el portal, ya durante todo el año no podrán entrar en tu casa ni los demonios, ni las brujas, ni la enfermedad.

Volvimos a danzar alrededor de la hoguera. Cuando las llamas estaban muy bajitas, yo también salté. Poco después se apagaron y sólo quedaron los rescoldos. Únicamente el pino del centro de la plaza continuaba aún **lamido** por las llamas.

Antes de marcharnos, cogí un puñado de ceniza de nuestra hoguera. Después, el abuelo me subió al carro y emprendimos la marcha. Estaba tan cansada que enseguida me dormí. Supongo que sería el abuelo quien me llevó en sus brazos a mi cama.

13

Pipo ya no es esa bolita blanca temblorosa y llorona. La caja de zapatos se le ha quedado pequeña, y ahora le he hecho su cama en una cesta de mimbre. Pero, salvo para dormir, no para en ella porque no puede estarse quieto.

Aunque alguna vez pierde el equilibrio y rueda como una pelota, ya **corre que se las pela**. Es malísimo y, en cuanto una se descuida, ya ha cogido una zapatilla o un calcetín y **sale pitando** para dejarlo luego en el sitio más difícil de encontrar. Además, es muy rabioso. Sobre todo con Tinín, que le pincha para que se enrabie y le ladre furioso como si se lo fuera a comer. Y al verle tan chiquitín y ladrando con tanta furia, me muero de risa.

Ahora nos sigue por la huerta e incluso cuando vamos al prado quiere venir con nosotros. Pero no le dejamos porque, como nos damos unos buenos paseos, se cansaría.

Estoy tan entretenida con Pipo que ya casi ni me acuerdo del otro, del verdadero, el que se vino conmigo del palacio de mi padre, el rey. Hace muchísimo que no hablo con él de las cosas de entonces. Y es que, la verdad, tengo cada vez más olvidado todo aquello.

Con Tinín se le pasa a una el tiempo volando. Con él se aprende un montón de cosas, cosas que no se estudian en el colegio, pero que son la mar de interesantes. Por ejemplo, yo antes no tenía ni idea de lo que era un **escaramujo**, ni una **endrina**, ni una **marjoleta**. Pues bien, Tinín me ha enseñado a conocerlos.

Ahora ya bajamos al río y nos bañamos en la poza con los otros chicos del pueblo. El agua está muy fría, y la primera impresión es como si la cortasen a una, pero después te vas haciendo a ella y al final es que no te cansas de estar allí **chapoteando** en esa agua tan limpia que no te pasa de la cintura.

Pero hay algo todavía mejor, y es que me ha llevado a pescar. Para pescar lo primero que hay que hacer es coger **lombrices**. Tinín va sacando con un **azadón** terrones de tierra que hay en un rincón de la huerta, cerca del **estiércol**. Pues bien, esos terrones están cuajaditos de unos bichos que son como fideos amarillentos, asquerositos, que son las lombrices. Yo no tocaría una por nada del mundo.

Claro que no necesito tocarlas porque Tinín lo hace todo. Él me prepara la caña, él me engancha los aparejos y él prende mi lombriz en el anzuelo, procurando que lo tape bien y no se vea. Yo sólo tengo que dar un tirón cuando veo que el corchito se hunde, porque eso indica que ha picado un pez.

Parece fácil. Pues no. Mientras Tinín cada vez que tira de la caña saca un pez, yo no saco ni uno. Y lo que es peor, como doy unos tirones muy fuertes, la mayoría de las veces engancho el hilo en una zarza o en la rama de un árbol, y es el pobre Tinín el que tiene que andar desenganchándolo y cambiándome el anzuelo.

Llevaba un rato pegando tirones sin enganchar un **gobio** y ya me estaba enrabietando, cuando el **corcho** de mi caña se hundió de

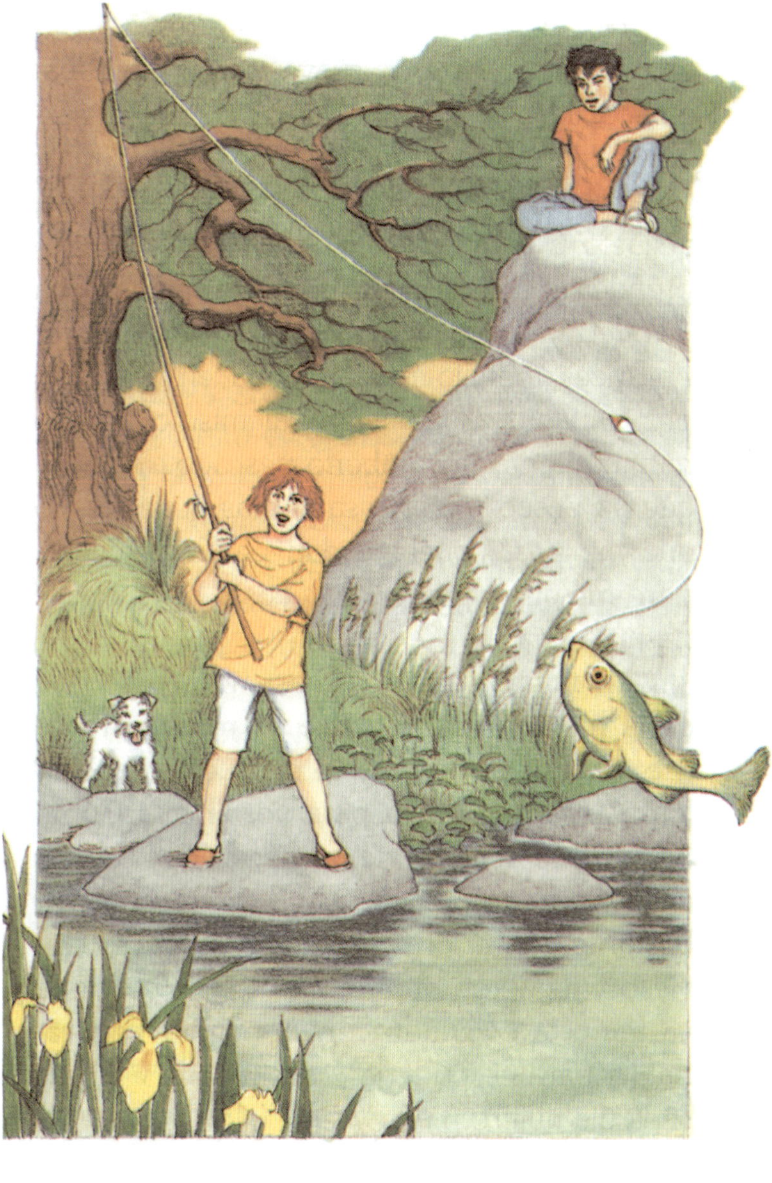

golpe. Pegué un tirón suave, como me había dicho Tinín, y vi que sacaba un hermoso pez.

Me dio tanta alegría que me puse a gritar y **patalear**. Tinín vino para sacar el pez del anzuelo y meterlo en su chistera. Y al desprender el pez, vi cómo se le rompía la boca y se le manchaba todo el **hocico** de sangre. Entonces me dio mucha pena el pobrecito pez. Sin embargo, estaba al mismo tiempo muy contenta por haberlo pescado. Y ahora que ya pesco mejor y saco más peces, es lo que me pasa: que me dan pena los peces, pero me gusta pescar. Son cosas raras que le pasan a una.

Con tanto **trajín**, apenas me acuerdo ya de la historia de mi padre, el rey, y mi madre, la reina, y el palacio en que vivíamos y los planes que hacía para volver allí. Como apenas me acuerdo de mi perro Pipo, al que cada vez hago menos caso, porque ya tengo bastante con el otro Pipo, ese cachorro travieso y juguetón que en cuanto me descuido ya me está cogiendo con su boquita una zapatilla para esconderla o destrozarla y al que cada día quiero más.

14

LA orilla del río está llena de **zarzamoras**, y yo, cuando me canso de bañarme o de pescar, me hincho a comer moras, que están buenísimas y que antes de venir aquí casi no había comido, pues en Madrid tan sólo de tarde en tarde traía mi madre una cestita que compraba en la frutería con unas pocas moras. Y yo lo que no me podía imaginar es que las moras salen de estas zarzas que están en el campo al alcance de todo el que quiera cogerlas.

Cuando le dije a Tinín que en Madrid las moras se vendían en las fruterías, apenas se lo podía creer.

—Pero si las moras son silvestres —dijo—. Está bien que haya que pagar dinero por las peras o las manzanas, porque uno tiene que plantar un manzano o un peral y cuidarlo, y eso lleva trabajo. Pero las moras, ya ves, se crían solas en el campo y, por tanto, ni son de nadie ni nadie ha trabajado en ellas. Entonces, ¿cómo alguien puede cobrar por lo que no es suyo?

Después calló un momento, como si estuviera pensando, para añadir:

—Qué cosas más raras ocurren en Madrid. La verdad que no me gustaría nada vivir allí.

También he comido escaramujos, pero me gustan menos que las moras. Son muy bonitos, colorados y lustrosos. Pero hay que abrirlos con cuidado porque por dentro están llenos de una **pelusilla** blanca que pica mucho, y lo único que se come es su envoltura roja, que es dura y bastante insípida.

Tinín me dijo que la flor del escaramujo es muy bonita y que en primavera da gusto ver los campos cuajados de florecitas rojas.

—Porque el escaramujo es un rosal. El verdadero rosal. Las rosas de los jardines salen todas de la rosa silvestre del escaramujo. En realidad, las rosas las ha hecho el hombre, pero la rosa del escaramujo es la rosa tal como salió de la mano de Dios.

Yo, la verdad, me quedo embobada oyendo a Tinín y todas las cosas que sabe. Pensé que debía ser el primero de la escuela, pero me desengañó.

—Qué va. Si a mí no me gusta la escuela. A mí lo que me gusta es estar en el campo y andar entre las vacas. Así que antes era de los últimos de la escuela. Como a mi madre parecía que le daba igual, la cosa iba bien. Pero hace un año todo cambió, y la culpa la tuvo tu abuelo.

—¿Mi abuelo?

—Sí, tu abuelo. Verás. Una tarde, al entrar en la cocina, me encontré, como si estuvieran esperándome, a mi madre y a mi tío Meco. Parecían muy serios, pero al mismo tiempo yo notaba que estaban también muy contentos. Entonces va mi madre y me dice: «¿Sabes...? Ha estado a verme don Francisco (mi madre siempre llama a tu abuelo don Francisco) y me ha dicho que tú eres un chico muy **espabilado** y deberías hacer una carrera. Que si yo estoy dispuesta a sacrificarme no poniéndote a trabajar en cuanto seas algo mayor, él te pagaría los estudios. Yo no sabía cómo agradecérselo, pero me dijo que no le diese las gracias y que lo único que debía hacer era **meterte en cintura**, pues le había comentado tu maestra que eras un trasto y no hacías caso de los libros». Y cuando acabó de decir eso, mi madre se levantó, fue a la cuadra y volvió con una vara muy fina y me dijo: «¿Ves esta vara? Pues si no te aplicas en la escuela, te la rompo en el culo a fuerza de **azotes**». Y entonces mi tío, que había estado callado, va y dice que después de la **somanta** él me colgaría de un árbol por las orejas para que me refrescase. Así que ya ves cómo el culpable de todo es tu abuelo.

—¿Y tú sigues mal en el colegio?

—No, ahora voy bien. No es que sea el primero, pero voy bastante bien. Y no creas que es sólo por miedo a lo de la vara, sino sobre todo porque yo sé que, si no me aplicara en la escuela, mi madre se iba a llevar un gran disgusto, y yo a mi madre no la quiero disgustar.

15

HOY me he llevado una gran alegría.

He bajado al pueblo con Tinín y nos hemos acercado a ver a Raquel. Y resulta que Raquel, en vez de estar en la cama como siempre, se había levantado.

Sí, Raquel se había vestido y estaba en su cuarto de estar, sentada en una sillita, cosiendo. Tenía muy buen color y parecía muy contenta. Al vernos se levantó y vino a darnos un beso.

Su madre, desde la puerta, nos estaba mirando. Ella también parecía muy contenta. Yo pregunté si Raquel estaba ya buena, y entonces su madre nos dijo que había estado el médico y les había dicho que Raquel ya se podía levantar y que a la semana que viene podría salir un poco a la calle para darse un paseíto.

—Ya estoy curada —dijo Raquel—. Antes de que acabe el verano podré jugar con vosotros y el próximo curso iré al colegio. ¿Y tú, Vanesa, vas a venir también?

Me quedé sin saber qué responder. Porque, en realidad, no sabía si iba a estar allí el próximo curso o tendría que regresar a Madrid. Eso si no conseguía volver con mi padre, el rey, y mi madre, la reina, aunque, la verdad, cada vez pienso menos en estas cosas.

—Pues claro que vendrá al colegio con nosotros —dijo Tinín, como si supiera lo que yo iba a hacer o a dejar de hacer.

—Ya verás lo bien que lo pasas —continuó Raquel—. La señorita Luisa es muy buena y muy simpática, y al año que viene nos toca también con ella.

—Es el último año que la tenemos —añadió Tinín—, porque a los de la segunda etapa les da las clases don Aurelio, que es mucho más serio.

Siguieron hablándome de su colegio. La señorita Luisa era del pueblo y daba clases a los de tercero, cuarto y quinto. Y como era del pueblo, conocía a los padres de todos ellos y, eso era lo malo, siempre andaba viéndolos y hablando de si iban bien o mal.

—Pero la verdad —dijo Tinín— es que es muy buena y le gusta mucho ser la maestra de su propio pueblo.

Todavía no se había casado, porque era muy joven, pero tenía un novio que era médico y quería venirse de médico aquí o a algún sitio cercano, y entonces se casarían, pues la señorita Luisa no quería por nada del mundo dejar de ser la maestra de este pueblo.

En cambio, según me dijeron, la otra señorita, que se llamaba Adelina y daba clase a los pequeños de primero, segundo e infantil, como era de la capital, no estaba tan a gusto en el pueblo como la señorita Luisa, porque estaba deseando irse a la ciudad. En cuanto a don Aurelio, concluyó Tinín, aunque tampoco era del pueblo para el caso como si lo fuera, porque aquí tenía ya una casa propia y aquí habían nacido sus hijos.

Yo estaba un poco confusa con todo lo que me contaban. No sabía cómo en esa escuela podía haber sólo tres maestros, cuando en la mía había un montón de ellos. Tampo-

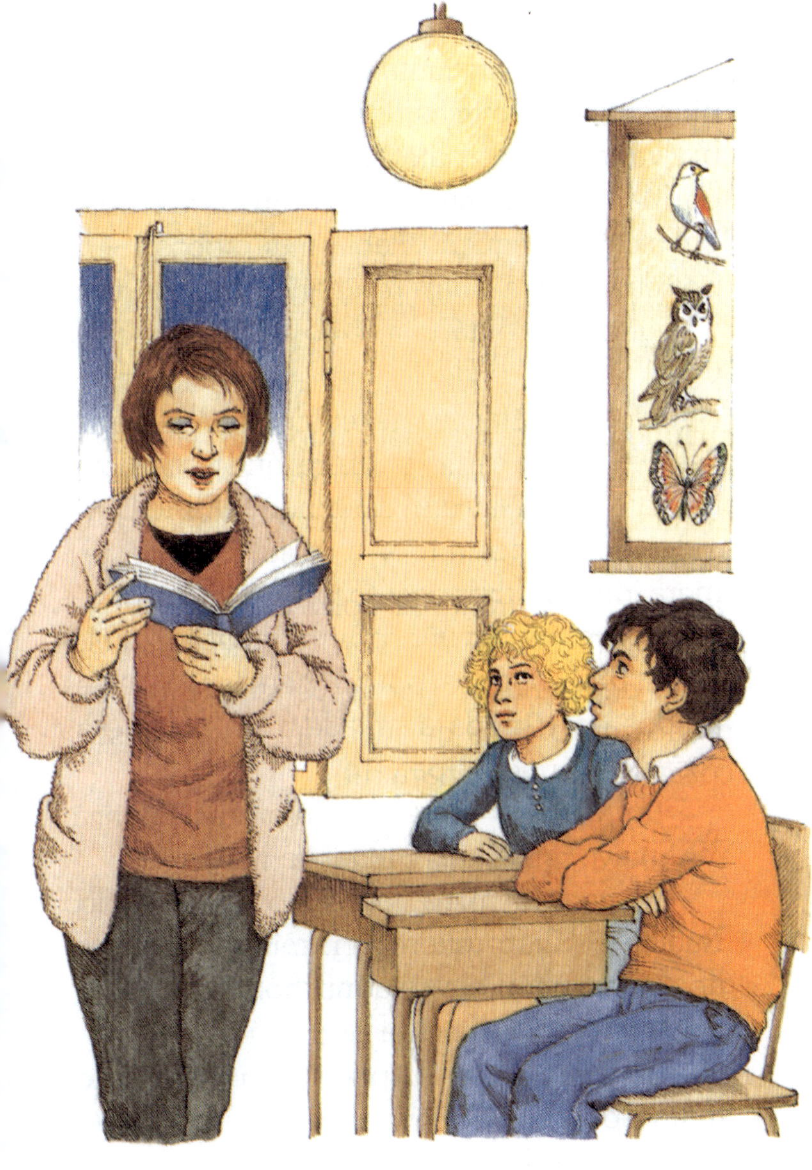

co cómo podían juntarse en una sola clase niños de tres cursos, cuando en Madrid había varias clases para cada curso. Claro que en Madrid hay muchísimos niños, y en este pueblo tan pequeño había muy pocos. Sería por eso. Además, así resultaría más divertido.

Siguieron contándome cosas de la escuela y del pueblo y de lo bien que lo pasaban cuando las matanzas del cerdo, y en la noche del Día de las Ánimas disfrazándose de fantasmas, y en Navidad cantando **villancicos** y pidiendo el **aguinaldo**, y cuando caía la primera nevada tirándose bolas de nieve y haciendo un gran muñeco en el patio del colegio y deslizándose por la pendiente de los prados en **trineos** de madera. Y todas esas cosas eran nuevas para mí.

—En Madrid —dije— no nieva casi nunca. Y si nieva, enseguida quitan la nieve.

—Pues aquí nieva todos los años —dijo Raquel—. Claro que según mi madre, cuando ella era niña, nevaba mucho más.

—Como que dice mi tío —añadió Tinín— que muchas veces el pueblo quedaba incomunicado por la nieve, y bajaban los lobos hambrientos para atacar al ganado. Pero ahora ya no bajan los lobos aquí, y sólo quedan a veces incomunicados los pueblos más altos de la montaña.

—Pero yo estoy pensando —dije— que si estuviera en vuestro colegio, como vivo lejos del pueblo, no podría ir cuando nevase.

—No te preocupes —contestó Tinín—. Ya lo arreglaría tu abuelo. A los chicos de los otros caseríos, que viven tan lejos o más que tú, cuando hay mucha nieve los bajan en carro a la escuela.

Así que estuvimos hablando mucho rato, bien entretenidos sin necesidad de que la madre de Raquel nos contase cuentos. Y cuando volví a casa, mientras Tinín **correteaba** y hacía el tonto delante de mí, yo seguía pensando en aquella escuela con tan pocos maestros y niños, y en las peleas con bolas de nieve y en el muñeco que hacían en el patio del recreo cuando nevaba. Me gustaría estar allí, ver nevar y hacer todas esas cosas. Sí, me gustaría.

Ya en casa, como seguía dando vueltas a todo eso, le dije al abuelo:

—Abuelo, si me quedase aquí y fuera a la escuela del pueblo, ¿cómo podría ir cuando nevase?

El abuelo y la abuela se miraron sonriendo. Después, el abuelo dijo:

—Si tú vas a la escuela del pueblo, ya procurará tu abuelo que vayas muy calentita y cómoda por mucha nieve que caiga.

16

YA no tengo miedo a las vacas y muchas tardes voy al prado con Tinín y su tío para recogerlas y volverlas al establo.

—Las vacas son muy mansas y además un poco tontas —me dijo Tinín—. Con quien hay que tener cuidado es con el toro. A ése es mejor que no te acerques.

—¿Y cuál es el toro?

—¿Es que tú no sabes distinguir un toro de una vaca?

—Pues no.

—¿En qué se diferencian un hombre y una mujer? ¿Los hombres tienen tetas? Pues el toro tampoco tiene tetas.

Y así es como Tinín me enseñó a conocer al toro.

Mirad si he perdido el miedo a las vacas, que el otro día estuve en la cuadra de Tinín, mirando cómo ordeñaban sus dos vacas él y su madre. Daba gusto ver salir de las ubres esos **chorritos** tan blancos y cómo el cubo se iba llenando de leche espumosa. Al cabo de un rato, me dijo Tinín:

—¿Quieres ordeñar tú?

Yo al principio no me atrevía, pero Tinín y su madre insistieron y entonces, aunque con miedo, me senté en la banqueta y empecé a tirar del pezón de la vaca, tal como había visto hacer a ellos. Pero no caía leche, y la vaca comenzó a mugir.

—Le haces daño —dijo Tinín—. Tiene que ser suavecito. Aprietas y tiras muy suavecito. Así.

Entonces él tomó mis dedos entre los suyos y comenzó a guiarme. Y la vaca dejó de mugir y empezó otra vez a soltar chorritos de leche. Y luego Tinín soltó mis dedos, y yo seguí sola ordeñando. Volví a casa loca de contento. Nada más entrar, le grité al abuelo:

—Abuelo, abuelo, ya sé ordeñar.

—Pero esta niña se está convirtiendo en una campesina —dijo mi abuela—. Ya sabe dar de comer a las gallinas, recoger los huevos recién puestos del ponedero y ahora también ha aprendido a ordeñar las vacas. Pero qué listísima eres, hija mía.

—Bueno —intervino el abuelo, sonriendo—. Pues si ya sabes ordeñar las vacas, va siendo hora de que me ayudes. Mañana empiezas a ordeñar las mías.

—Pero qué tonto eres, abuelo. Si las tuyas se ordeñan con ordeñadora. Pues anda que, con tantas como tienes, si hubiese que ordeñarlas a mano íbamos a estar aviados.

—Entonces no podré darte una cosa que te he comprado. Pero claro, eso era sólo si trabajabas en la vaquería.

—¿Qué es, abuelo, qué es?

El abuelo sonreía sin responder. Intervino la abuela.

—Anda, no le hagas rabiar. Vamos a enseñárselo.

Salimos y nos dirigimos a la cuadra. Y allí, a la puerta de la cuadra, me encontré un carrito precioso, con dos ruedas y capota de cuero, y enganchado al carrito un caballito negro con una manchita blanca en la frente, que era una **chulada**.

—¿Quieres subir y dar un paseo?

Subí al carrito con el abuelo. Cuando movió las riendas, el caballito empezó a trotar.

—¿Pero de verdad es para mí?

—Claro. Ya te dije que, cuando nevara, tú podrías ir a la escuela bien cómoda y sin pasar nada de frío.

17

PIPO ya corre que se las pela y ahora nos acompaña en nuestros paseos por el campo. Va siempre correteando delante de nosotros, aunque de vez en cuando le da la **chaladura** de darse unas carreras en círculo a nuestro alrededor, ladrándonos y **chillando** como si estuviera loco.

Tinín le ha enseñado a traer en la boca las ramas que le tira y dice que Pipo puede ser un buen perro para cazar conejos.

—¿Pero hay aquí conejos?

—No es que haya muchos, pero en las zarzas de la orilla del río se puede matar alguno. Mi tío es cazador y me ha dicho que, si me porto bien y estudio, me enseñará a cazar y en cuanto tenga edad me sacará la licencia de caza.

—¿Y no te da pena matar conejitos, con lo ricos que son?

—¿Te da a ti pena comértelos? ¿O comerte un filete de ternera, a pesar de lo ricas que son las terneras? Entonces, ¿por qué no voy a poder matar conejos?

—Es que, aunque me los coma, no los mato yo.

—Mira ésta. Eso sí que es lo de ojos que no ven, corazón que no siente.

Tinín y yo discutimos mucho, pero no nos enfadamos. Además, cada vez me sorprendo más de las cosas que sabe. Por ejemplo, el otro día voy yo y tiro una piedra para que Pipo me la trajera. Entonces él me dijo:

—No le tires piedras, porque se le estropeará la boca. Para enseñar a traer a los perros lo mejor es con una pelota hecha de piel de conejo. Pero si no se tiene, al menos que sean cosas blandas, como una pelota de trapo y, si no, palos y ramas. Pero si se les tiran cosas duras, como las piedras, entonces los perros se acostumbran a apretar y luego destrozan la caza.

Ahora, cuando pienso que hace unos meses no quería hablar, me sorprendo de lo mucho que hablo con todos y sobre todo con Tinín. Claro que él habla más todavía. Es que no para de hablar.

El otro día, después de darnos un baño, estábamos tumbados a la orilla del río tomando el sol. Llevábamos un rato callados, cosa rara, cuando va y me dice:

—Desde luego, eso de estudiar a mí no me convence nada y si lo hago es por mi madre, pues por mí sería como mi tío, que sólo se dedica a trabajar con las vacas y en el huerto y bien feliz que vive. Ahora, que si tengo que estudiar, ya sé lo que voy a ser. Voy a ser veterinario.

—Muy bien —le respondí—. Así podrás poner una clínica para curar a los perros y a los gatitos y a los pájaros.

—Quita allá... Ésos son los veterinarios de ciudad. Pero, como yo me voy a quedar aquí, lo que curaré serán las vacas y los caballos y los cerdos.

—Pues yo creo que es más bonito lo otro.

No me contestó. Estuvo un momento callado, como pensando, y luego dijo:

—Además, eso de ser veterinario tiene sus ventajas. Porque si yo fuese vaquero y a lo mejor de mayor me quisiera casar contigo, como tú eres tan señorita, no ibas a querer. Pero si soy veterinario, ya es otra cosa.

Me quedé pasmada. ¡Cuidado con las cosas que se le ocurren a este chico! Salir ahora con que si de mayores nos íbamos o no nos íbamos a casar. Bien mirado, aquello era como si me estuviera diciendo que quería ser mi novio.

Pero pareció como si hubiera leído lo que estaba pensando, pues añadió:

—Claro que lo de ser novios a nuestra edad siempre me ha parecido una cosa tonta. El año pasado la Serrana me dijo que si quería ser su novio. Entonces yo le contesté que eso de los novios era cosa de mayores y hasta que no se tienen al menos catorce años los chicos no deben andar pensando en esas cosas. Cuando se tienen nueve o diez años, sólo hay que pensar en ser buenos amigos y en jugar. ¿Llevo o no llevo razón?

—¿Pero a ti te gusta la Serrana?

—Bueno, guapa sí lo es. Pero gustarme, lo que se dice gustarme, no me gusta.

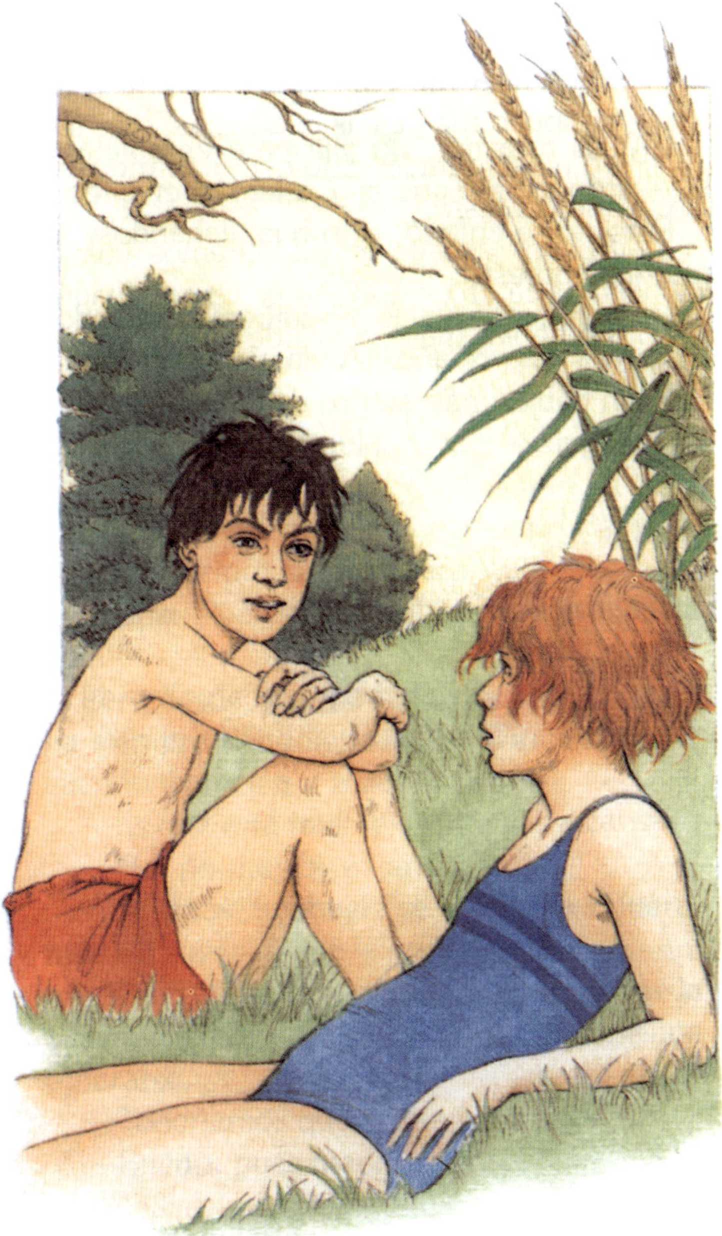

—Pues tú a mí —le dije para enrabietarle— tampoco me gustas y, además, eres feo.

Pero no se enfadó, sino que, **echándose a reír,** me contestó:

—Bueno, eso ya lo discutiremos cuando tengamos catorce años. Anda, vamos al agua.

Y sin hablar más, se tiró de un salto al río. Yo le seguí.

18

TINÍN me había hablado varias veces de la cueva del rey moro.

La cueva del rey moro está lejos del pueblo, yendo por la carretera que sube a la montaña. Por eso no habíamos ido todavía allí.

Pero desde que me habló de ella, yo estaba siempre **dándole la lata** a Tinín con que cuándo íbamos a ir a ver la cueva.

—Es que está muy lejos y te vas a cansar.

—No, no me voy a cansar.

—Además, tu abuelo se enfadaría si fuéramos allí.

—Pero si no le decimos que vamos a la cueva, sino al río a pescar ranas, no tiene que enterarse.

—Tendríamos que ir muy de mañana.

—Bueno, pues madrugamos.

Tinín calló. Era raro, porque era él quien siempre estaba proponiendo ir a un sitio o a otro. Y ahora que lo proponía yo, parecía como si no tuviera maldita la gana de ir.

—Además —añadió al fin—, a ti te iba a dar mucho miedo.

—¿Miedo a mí? Me parece que quien tiene miedo eres tú.

—Yo no tengo miedo. Aunque, ¿sabes?, esa cueva está embrujada.

—¿Embrujada?

—Sí. Hace años, antes de que yo naciera, había un monstruo en la cueva. La judibramba.

—¿Y qué era eso? —le pregunté.

—Pues la judibramba era una culebra muy grande, muy grande. Por la boca **echaba llamas** y por el culo acetileno. Y salía por las noches y se comía las vacas y las ovejas. Era peor que una manada de lobos. Además, si alguna moza se descuidaba, pues la envolvía en sus anillos y se la llevaba a la cueva, y no se sabía ya nada más de ella. Y si se encontraba algún hombre, le echaba una llamarada y lo abrasaba vivo.

—¿Y qué pasó? ¿La mataron?

—No. Aunque organizaron batidas e iban los hombres con sus escopetas, la judibramba empezaba a echar acetileno y llamas y organizaba un incendio tal que ardía todo el monte, y los hombres se tenían que volver a escape. No había forma de matarla, no señor.

—Oye —le dije—, ¿y por qué tenía ese nombre tan raro? ¿Por qué se llamaba la judibramba?

—Pues eso sí que no lo sé —respondió—. En el pueblo todos los que cuentan esta historia la llaman así, aunque seguro que tampoco saben por qué.

—¿Entonces no la mataron?

—No.

—Pues seguirá en la cueva.

—No —me respondió Tinín—, no sigue. Verás, cuando ya no sabían qué hacer con aquella maldita culebra y los del valle estaban dispuestos a irse a otro sitio para no aguantarla, pues se acordaron de un ermitaño que vivía solo en lo alto de la sierra y era un hombre muy santo que no hacía nada más que rezar y rezar, y lo único que comía eran cuatro **hierbajos** y un sorbo de agua de lo santo que era. Entonces todos los del pueblo subieron a verle y le contaron lo que pasaba. **Conque** el ermitaño bajó y se acercó a la cueva. Entonces salió la judibramba echando llamas por boca y narices. Pero el ermitaño le enseñó su crucifijo y dijo una oración secreta que tan sólo él sabía, y la mala bestia reventó como un **triquitraque**. Y fíjate cómo sería aquel bicho, que cuando reventó organizó tal **pestazo** que en más de una semana nadie pudo **asomarse** a una legua de allí del olor que había.

—Pero lo que yo me digo es por qué llaman a esa cueva la cueva del rey moro, en vez de la cueva de la judibramba.

—Anda —dijo Tinín—, porque más antiguo aún que lo de la judibramba es lo del rey moro.

—¿Y qué es lo que pasaba con el rey moro? —pregunté.

—Pues que hace muchos, muchos años, en tiempo de los moros, en el lugar donde ahora está la cueva, estaba el castillo de un rey moro. Y aquél era un rey muy malo, que

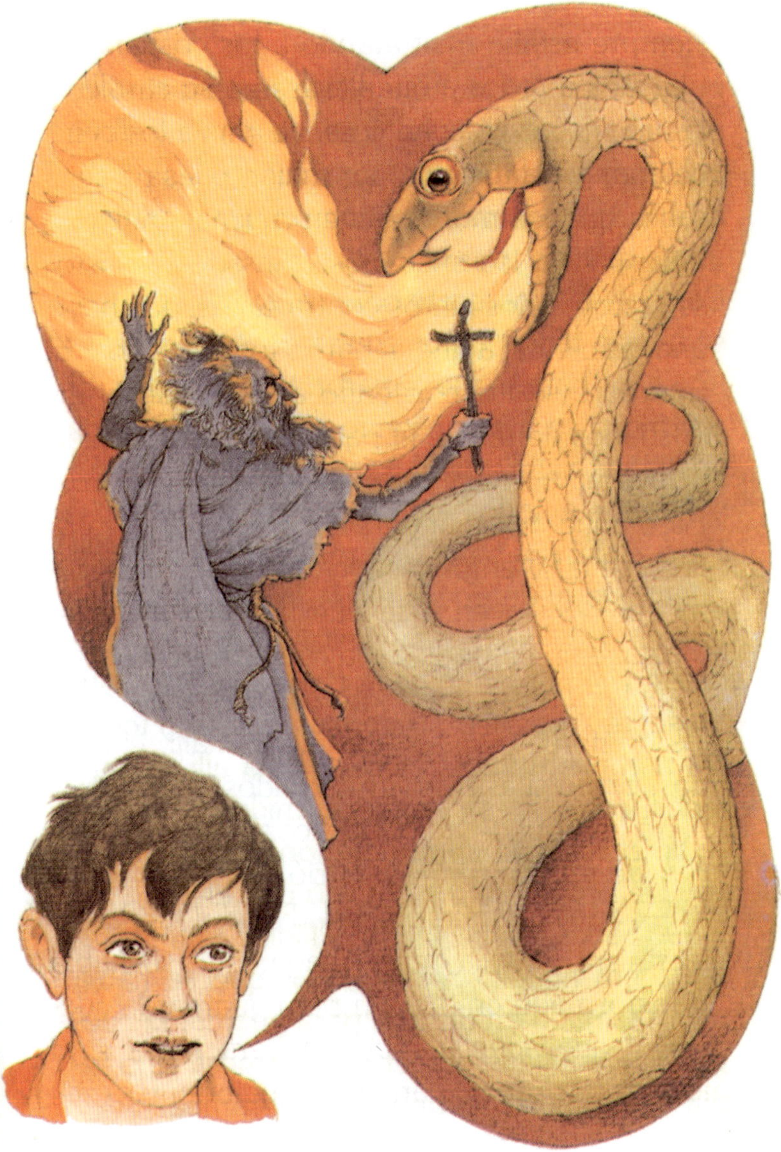

siempre estaba maltratando a los cristianos y obligaba a todos a que llevasen a su castillo a la hija mayor en cuanto ésta cumplía los quince años para tomarla por mujer, pues no sé si sabes que los moros tienen muchas mujeres. Pero un día los cristianos, cansados de esto, se fueron todos juntos contra él. Así que hubo una gran batalla que ganaron los cristianos. El rey moro se fue corriendo a su castillo, y los cristianos detrás de él para darle su merecido y libertar a todos los que tenía prisioneros. Pero aquel rey tenía una mujer mora que era una maga, y entonces fue la maga y transformó el castillo en esta cueva. Pero la gente dice que en el fondo de la cueva sigue el castillo del rey moro con todos sus tesoros y todos los hombres y mujeres que había allí, encandos, como si estuvieran dormidos.

Yo me quedé admirada con aquella historia. De pronto se me ocurrió una idea.

—¿Sabes lo que pienso, Tinín? Que la culebra era aquella reina maga, que se había transformado en dragón para guardar la cueva. Y que aquella mujer no era mora sino judía y por eso se llamaba la judibramba.

A Tinín aquello le pareció bien. Pero con todas estas historias, yo sigo cada vez con más ganas de ir a la cueva y no hago más que darle la lata con que tenemos que ir.

19

Al fin me he salido con la mía. Tinín y yo estamos ya camino de la cueva.

Hemos salido temprano. La abuela se extrañó al ver a Tinín en casa tan de mañana, pero Tinín dijo que íbamos a coger moras y debíamos salir pronto para llenar la cesta antes de la hora de comer. Yo le dije después que cuando volviésemos sin moras se iban a dar cuenta de que habíamos mentido, pero él no se ha preocupado por ello.

—Les diremos —me responde— que al pasar el río se nos cayó la cesta al agua y perdimos todas las moras.

Así que ya hemos pasado el pueblo y ahora marchamos por esa carretera estrecha que sube a la montaña. Conforme avanzamos, la tierra es menos verde y más áspera y pelada. No es tan bonito como el valle.

Hace calor y yo empiezo a cansarme. Me paro un momento y le digo a Tinín:

—¿Falta aún mucho?

—No ves por qué no quería yo venir... Ya estás cansada.

—No estoy cansada, tonto. Lo único es que tengo ganas de llegar.

Pero la verdad es que estoy cansada. Seguimos caminando un rato más. Al fin dejamos la carretera y tomamos un caminito que sube por la ladera del monte.

—¿Ves aquellos **matojos** del fondo? —dice Tinín—. Pues allí está la cueva.

La vista de la cueva me anima, aunque todavía queda un buen trecho para llegar a ella.

Por la ladera, a nuestra derecha, un rebaño de ovejas viene lentamente hacia nosotros. Se escucha el tintinear de las esquilas de los carneros. Un perrillo pequeño y lanudo da una carrera en nuestra dirección, ladrando. De pronto se detiene y se vuelve corriendo hacia el rebaño.

—Vamos deprisa —dice Tinín—. No quiero que nos vea el pastor entrar en la cueva.

Pero el pastor debe maliciarse algo, porque nos grita:

—Eh, ¿dónde vais vosotros?

Apresuramos el paso hacia los matorrales sin contestar. Dos grandes perros marchan con paso cansino junto al pastor. Uno de ellos lanza un ladrido ronco.

—¿No nos morderán los perros?

—¿Los mastines? No. Ese ladrido es sólo un aviso. Mira cómo no se separan del rebaño. Si no te arrimas a las ovejas, no hacen nada. Sólo son peligrosos si te acercas y no está el pastor.

—¿Y el pequeñajo que venía corriendo hacia nosotros?

—Ése no muerde. Es un perro ovejero. Esos perros son listísimos. En cuanto una oveja se aparta del rebaño, se pone a ladrarle hasta que la vuelve a él. Da gusto ver cómo reúnen y dirigen a las tontas de las ovejas.

Estamos ya junto a los matorrales. Tinín mira hacia el pastor con desconfianza.

—Está muy lejos —dice—. A esa distancia no creo que nos haya conocido.

Ahora las zarzas nos ocultan a la vista del pastor. Medio tapada por una mata, hay una pequeña elevación de tierra con una oquedad casi a ras del suelo. Tinín, señalándola, me dice:

—Se entra por aquí.

—Pero si por ahí no se cabe casi... Hay que ir arrastrándose.

—No. Se entra a gatas. Se anda así unos tres o cuatro metros y ya te puedes poner de pie. Luego aparece una cueva con el techo muy alto. Anda, vamos.

Y diciendo esto, Tinín se pone a gatas y se mete por la boca de la cueva. Ahora, la verdad, tengo mucho miedo, pero después de haberle hecho venir cualquiera le dice a Tinín que no quiero entrar.

No se ve casi nada. Yo sigo gateando detrás de Tinín. Tenía razón. Apenas hemos gateado unos metros cuando se incorpora. Yo también me pongo en pie.

Ahora Tinín ha encendido una linterna y ya puedo ver la cueva. Es como una sala de piedra con el techo también de piedra, muy alto. Y en las paredes de esa sala de piedra se abren varias grietas anchas, como si fuesen puertas.

—Ésta —digo— debía de ser la habitación de la judibramba.

Tinín no me responde. Se limita a ir iluminando con su linterna todos los rincones de la cueva.

Yo, aunque no lo quiero confesar, estoy cada vez más asustada.

—¿No habrá animales por aquí? A lo mejor hay lobos o ratas.

—No, por aquí no hay ningún animal.

—Y el palacio del rey moro, ¿dónde está?

—No pensarás que va a estar aquí, a la entrada. Está bien oculto y por eso nadie lo ha encontrado todavía.

—¿Y tú sabes dónde?

—No. Pero vamos a explorar la cueva para encontrarlo.

Tinín se mete por una de las estrechas grietas que, como puertas, se abren en la gruta. Yo le sigo, agarrándome a su camisa. La verdad es que siento **ahogo** en aquel pasillo tan estrecho y estoy cada vez más asustada.

—¿No nos perderemos? —le digo.

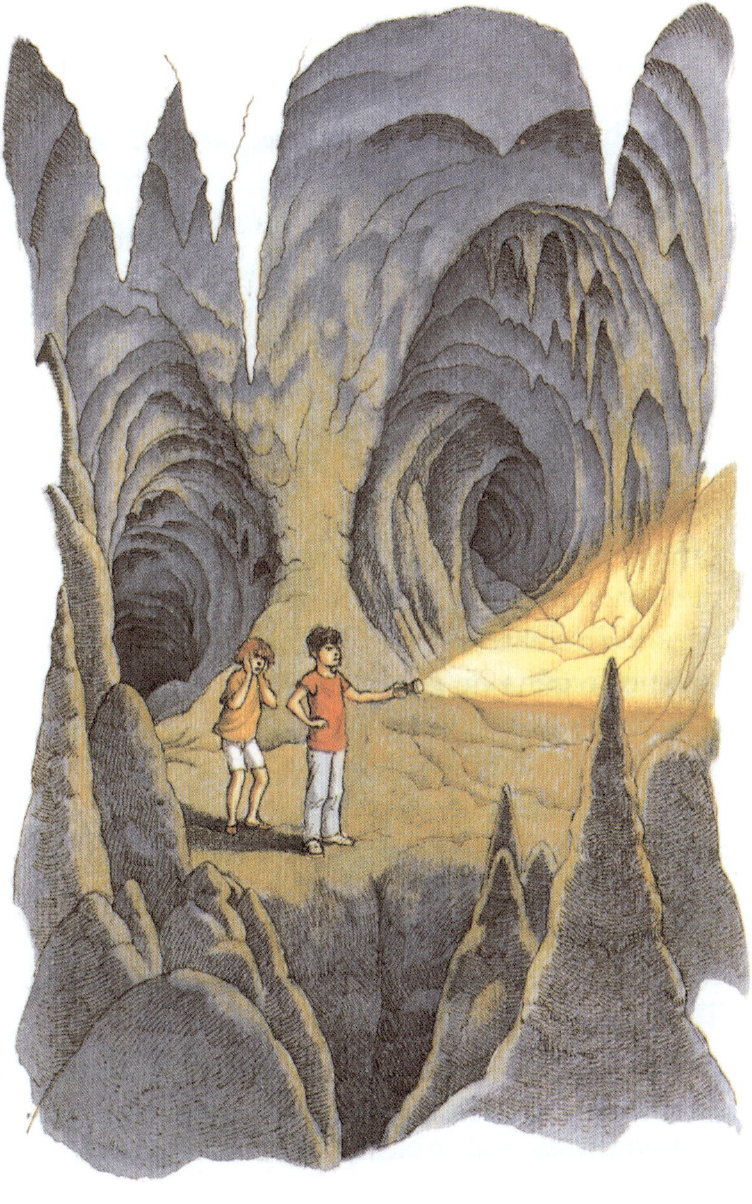

—No. Mira lo que he traído para no perdernos.

Me enseña una tiza. Después dibuja con ella una flecha en la pared.

—Para volver —me dice— sólo tenemos que seguir la dirección contraria a la que señala la flecha. Así no nos perderemos.

Continuamos la marcha por aquel angosto paso. De vez en cuando Tinín se detiene y dibuja una señal. A veces, el pasadizo se ensancha y aparece una caverna parecida a la que encontramos a la entrada. Todas ellas tienen diversas salidas. Y otra vez a meternos por alguna de esas grietas y a seguir por aquellos pasillos tan estrechos que parece que está una emparedada.

No sé cuánto tiempo llevamos andando así, sin apenas ver dónde ponemos los pies. Yo, la verdad, siento como un ahogo y estoy cada vez más asustada. Y el palacio del moro y todas aquellas maravillas de que hablaba Tinín no aparecen por ninguna parte.

Tinín se detiene de pronto. Debe de haberse dado un susto tremendo, pues, como voy agarrada a él, noto que está temblando.

—Mira —me dice—. No me he caído ahí de milagro. ¡Y anda, que menuda caída!

Tinín dirige la luz de la linterna hacia el suelo y entonces puedo ver cómo allí mismo, a sus pies, se abre una profunda fosa, un abismo tenebroso donde se pierde la mirada sin alcanzar el fondo. Y me viene el pensamiento de que, por un milagro, ahora no estamos en el fondo de ese abismo, muertos. Entonces todo el miedo que había intentado contener estalla y le grito a Tinín:

—¡Vámonos ya! ¡Vamos afuera!

Creo que Tinín tiene tanto miedo como yo, aun cuando procure disimularlo. Su voz suena más tranquila al decirme:

—Sí, es mejor que salgamos, no vayan a gastarse las pilas de la linterna. Además, ya casi no me queda tiza.

Así que nos damos la vuelta. Proseguimos por el pasadizo que dejamos a nuestra espalda y Tinín comprueba cómo en él van apareciendo las flechas que trazó.

—Ve tranquila —me dice—. Enseguida saldremos.

Pero no es verdad. Pasa tiempo y tiempo sin que veamos la salida. De pronto Tinín se detiene. Ahora le tiembla un poco la voz:

—Vamos para atrás —dice—. Creo que por aquí no hemos venido antes, porque no encuentro ninguna señal.

—¡Nos hemos perdido! —le grito mientras rompo a llorar—. ¡Nos hemos perdido!

—No llores —me dice intentando consolarme—. Verás cómo, en cuanto salgamos de este pasadizo, damos con el buen camino.

Pero ese pasadizo desemboca en otro y, por más que Tinín dirige la luz de la linterna a la pared, no aparece ninguna flecha. Al fin desembocamos en una caverna ancha y de alto techo.

—Mira, tonta. ¿No ves cómo tenía razón? ¿No te acuerdas de que ya habíamos estado aquí? Quédate quieta mientras yo busco en cuál de estas grietas está la marca que nos indica la salida.

—Yo no me quedo sola —le digo llorando—. Yo voy contigo.

Me pego a él, que comienza a recorrer toda la cueva dirigiendo la luz a la pared cada vez que encontramos una grieta en busca de la señal. Pero damos la vuelta a toda la cueva sin encontrar ninguna.

Regresamos al centro y nos sentamos en el suelo. Ahora Tinín sí que parece desconcertado, sin saber qué hacer. La linterna cada vez da menos luz. Dentro de poco se habrán gastado completamente las pilas y entonces nos quedaremos a oscuras, enterrados para siempre.

Me entra un miedo tan grande que me pongo a berrear con todas mis fuerzas. Tinín, sin saber qué hacer ni qué decirme, permanece sentado en el suelo cogiéndome una mano. De pronto, levantándose, dice:

—No llores más, que no me dejas oír. Escucha.

Dejo de gritar. Sí, también a mí me parece oír un sonido lejano.

—Es un ladrido de un perro, ¿verdad?

—Claro que es el ladrido de un perro —me dice—. Además, se está acercando. Calla y no te muevas.

Entonces Tinín se pone a lanzar ese silbido que hace que Pipo en cuanto lo lanza vaya hacia él corriendo. Después se calla y escuchamos. Sí, es el ladrido de un perro y ahora suena mucho más cerca de nosotros.

De pronto por una de las grietas aparece el perro... Es el perrucho del pastor que antes de que entráramos en la cueva se nos acercó ladrando. Al vernos se detiene. Ladra un poco moviendo la cola y luego vuelve a internarse por la grieta.

—De prisa —dice Tinín—. Hay que seguirlo.

Nos internamos por la misma grieta que el perro y continuamos por el estrecho pasadizo detrás de él. Tinín ilumina el camino con la luz de la linterna. Temo que perdamos de vista al perro, pero éste se para de vez en cuando y ladra como si quisiera indicarnos por dónde debemos seguir.

Atravesamos una serie de pasadizos y cavernas, siempre detrás del perro que nos sirve de guía. Por fin éste se introduce por un pasillo de techo muy bajo. Nosotros le seguimos a gatas. Sin duda es la boca de la cueva. Al poco divisamos la luz del día. Unos metros más y ya estamos fuera. Cuando nos levantamos nos encontramos frente al pastor. Unos pasos detrás de él están las ovejas y los dos enormes y tranquilos mastines.

—En cuanto os vi —dice el pastor— me dije: «Éstos la van a hacer». Menos mal que andaba yo por aquí y que tengo el perro que tengo, que sabe latín. Si no, ahí os quedáis para siempre. ¡Demonio de chicos! Si fueseis algo mío, esta noche os ibais los dos bien calentitos a la cama. Pero a ti —dijo mirando a Tinín— me parece que te conozco. Tú eres el sobrino de Meco. Ya le contaré a tu tío cuando le vea la buena pieza que estás hecho.

Sin replicarle, comenzamos a marchar hacia la carretera pensando que el pastor tenía toda la razón para regañarnos. Si no es porque él nos vio y porque su perro supo buscarnos, nos quedamos enterrados en la maldita cueva.

—Tú has tenido toda la culpa —le digo rabiosa a Tinín.

—¿Yo? Anda ésta. Yo no quería venir. Tú fuiste la que te empeñaste en que viniésemos a la cueva.

—Porque tú me engañaste contándome todas esas mentiras del palacio del moro y la princesa maga. Y en esa cueva no hay nada. Ni palacio, ni rey, ni princesa maga, ni tesoros, ni nada de nada.

—Bueno, puede que tengas razón, que todo sea mentira. Pero a veces la gente cree en cosas que luego son mentira. Como tú con eso de que tu padre es un rey y tu madre una reina y tu abuelo no es en realidad tu abuelo porque su hija no es tu verdadera madre. Seguro que todo eso es mentira, por más que tú te lo hayas creído.

—Sí, me lo he creído. Pero ya no me lo creo.

20

HAY que ver cómo pasa el tiempo. Parece que fue ayer cuando llegamos a casa del abuelo y ya se nos acabó el verano.

Ahora llueve. No es que llueva continuamente, pero casi todos los días llueve un poco. Luego deja de llover y a veces sale el sol y podemos ir al prado a jugar. Pero lo que ya no puedo hacer es ir al río o bajar hasta el pueblo y es un fastidio pues me había hecho amiga de toda la **panda** de Tinín y, sobre todo, de Raquel, que ya está del todo buena y ahora sale a la calle a jugar con los demás niños.

Pero hoy, al volver del prado, me he encontrado con una gran sorpresa. Allí, sentada en la cocina con los abuelos, está mamá.

Mamá me ha abrazado y besado como si hiciera un siglo que no nos viéramos o volviera del otro mundo. Yo creo que hasta se le han humedecido los ojos. Y digo que no es para tanto, y éstas son las cosas que me molestan. Pero como también yo me alegro de verla, no he querido decir nada y he empezado a hablar de lo bien que lo he pasado con el abuelito y de Pipo, que ya está la mar de grande, y del caballito que me ha comprado el abuelo y de Tinín.

Y entonces va ella y me interrumpe diciendo qué alegría le da sentirme hablar. Y de buena gana me hubiera callado, pero me digo que aquella manía mía de no hablar era una cosa muy tonta, así que hago como si ella no hubiera comentado nada.

De pronto dejo de contarle cosas mías y pregunto:

—¿Y tú cómo estás? ¿Te vas a casar con Juan?

Noto que se pone un poco nerviosa y, por un momento, parece no saber qué responder. Al fin, balbucea.

—Bueno, sí. Hemos pensado casarnos. Claro que si tú no quieres...

—Pero si a mí me da igual —la interrumpo—. De verdad que no me importa.

A quien sí parece importarle es a la abuela, pues, aunque no dice nada, lanza un suspiro sospechoso y pone una cara un poco avinagrada. No, a la abuela, ya lo he notado yo, eso de casarse y descasarse no le hace maldita la gracia.

—Entonces —dice más animada mamá—, ¿no te importa venirte a Madrid para vivir con Juan y conmigo?

—Pues no —le digo—, no me importa. Lo único es que yo no quiero volver a Madrid. Quiero seguir aquí con los abuelos.

—Pero, hija, eso no puede ser. Enseguida empezará el colegio, y tú tienes que ir.

—Yo quiero ir a la escuela de aquí con Tinín y Raquel y la Adela y la Pelujis. Quiero ver nevar y, cuando nieve, ir a la escuela en el coche tirado por el caballito que me ha regalado el abuelo. Quiero hacer un muñeco de nieve en el patio del colegio e ir al río cuando llegue la primavera. Quiero quedarme aquí, mamá.

—Claro —dice mamá—, ésta está ilusionada con la novedad. Pero comprenderás, papá, que una escuela rural no es lo más adecuado para la niña.

—Bueno, eso según se mire —responde el abuelo—. Toda la gente de aquí ha ido a la escuela del pueblo, y la gente de aquí, en general, no es nada lerda. Incluso ahí tienes a Juanito, el hijo del herrero, que iba a la escuela del pueblo cuando tú y ahora anda en los Estados Unidos hecho toda una autoridad mundial en los estudios sobre el cáncer. Así que no creo yo que sea tan mala la escuela rural.

La abuela ha puesto la mesa. Después de cenar doy un beso a mamá y a los abuelos y me voy a la cama. Ellos se quedan hablando.

Seguro que mamá y la abuela discuten sobre el nuevo matrimonio de mamá y que también están hablando de mí.

Cuando me levanto, mamá ya ha desayunado y está arreglada, su maleta al lado de la puerta.

—Bueno, hija mía. Anoche estuve hablando con los abuelos y me parece bien que por lo menos este año te quedes aquí. Yo, si tú quieres, vendré a verte todos los meses.

—Claro que quiero, mamá. Y dile a mi papá, cuando lo veas, que venga él también a verme. ¿Porque a vosotros —les digo a los abuelos— no os importará que venga a verme mi papá?

—No, hija mía —responde el abuelo—. En esta casa tu padre siempre será bien recibido.

—Ya le diré a tu padre que venga a verte —me dice mamá.

—Bueno, hija —interrumpe el abuelo—, tenemos que irnos ya. No vayas a perder el tren.

Salen mamá y el abuelo y montan en el cochecito que arrastra mi caballo. Desde el coche, mamá me tira un beso. Yo me quedo en la puerta cogida de la mano de la abuela. Entonces grito:

—¡Ven pronto, mamá!

Veo cómo el cochecito se va alejando por el camino que lleva a la estación. Un niño se cruza con él. Es Tinín, que, aprovechando que hoy no llueve, viene ya a buscarme.

Glosario
La niña que no quería hablar

Alfombra tapete
Además além disso
Afanaban (afanarse) esforçavam-se
Aguinaldo abono de final de ano
Agujero buraco
Ahogo sufoco
Aletear bater as asas
Allá él ele que sabe
Almiares montes de erva seca
Angosto estreito
Apañaba, se las (apañárselas) se virava
Apañados arrumados, arranjado
Así que então
Asomarse aparecer, aproximar-se
Aun mesmo
Aunque embora
Avefría ave migratória
Aviados arranjados
Azadón enxadão
Azotes açoites
Bayeta pano de lã
Biberón mamadeira
Bragas calcinhas
Cachorros filhotes
Campanilleo som contínuo dos sinos
Caña vara de pescar
Cansino cansado
Centellas faíscas
Chaladura loucura
Chapoteando (chapotear) chapinando
Charca poça
Chifla (chiflar) adoro, deixa louca
Chillando (chillar) gritando
Chirrido rangido
Chisme objeto, coisa
Chisporroteaba (chisporrotear) faiscava

Chistera cesto
Chorritos jatinhos;jorrinhos
Chulada belezinha
Cochino sujo
Cojea (cojear) manca
Colgó (colgar) pendurou
Columpio balanço
Conque então
Corcho rolha
Corre que se las pela corre muito
Correteaba (corretear) corria
Corro roda
Cosquillas cócegas
Cuajadito cheio
Dar la lata chatear; encher
De reojo de soslaio
Desde luego claro, evidentemente
Duro moeda de 5 pesetas
Echar a reír começar a rir
Echar carreras correr; apostar corrida
Echar de comer dar comida
Echar llamas lançar chamas
Echar mano pegar, agarrar
Echar más de demorar mais que

Ejido terreno
Embustera mentirosa
Empapar encharcar
Empollaba (empollar) chocava ovos
En cuanto assim que
Endrina ameixa silvestre
Ensancharse alargar-se
Escaramujo roseira silvestre
Espabilado esperto, espevitado
Esquilas sinos
Estiércol esterco
Frente testa
Gatear engatinhar
Gaznate garganta; gazganete
Gimoteaba (gimotear) choramingava
Gobio peixe pequeno de água doce
Guindo árvore que dá uma fruta parecida com a cereja; guinjeira
Hada fada
Hechizó (hechizar) enfeitiçar
Heno feno
Hierbajos erva daninha
Hocico focinho

Hojarasca folhas secas; folhagem
Hurgar mexer
Jilguero pintassilgo
Lamido lambido
Lanudo peludo
Lombrices minhocas
Marjoleta um tipo de arbusto com espinhos
Matojos moitas
Mea (mear) faça xixi
Meterte en cintura tomar jeito
Mimbre vime
Mirlo melro (pássaro)
Nogal nogueira
Orilla margem
Ovillito novelo
Palurdas caipiras
Pana veludo cotelê
Panda turma
Patalear sapatear; bater os pés
Patán grosseiro
Pecas sardas
Peinador penteadeira
Pelusilla penugem
Periquete instante
Pestazo pestilência; mau cheiro

Pillar pegar
Pizca pitada
Polluelo cria de aves
Raso cetim
Rastrojos restolhos; resíduos
Rebeca um tipo de casaco
Regañar dar bronca
Renacuajos girinos
Repeluzno calafrio
Resbalosa escorregadia
Rociado (rociar) borrifado
Sale pitando sai correndo
Saltamontes gafanhoto
Somanta sova; surra
Temblaba (temblar) tremia
Tintinear tilintar
Tiraba (tirar) puxava
Trajín movimentação; vaivém
Trineos trenós
Triquitraque buscapé
Ufano orgulhoso
Villancicos canções natalinas
Zancudo que tem as pernas finas e compridas
Zarzamoras amoras
Zarzas sarças